王健林

山登绝顶我为峰

他一直坚强着，也一直拼搏着，
他的人生就是勇往直前……

王健林

山登绝顶
我为峰

黄鸿涯◎著

中华工商联合出版社

图书在版编目(CIP)数据

　王健林：山登绝顶我为峰 / 黄鸿涯著. ––北京：
中华工商联合出版社，2017.11
　ISBN 978-7-5158-2133-7

　Ⅰ.①王… Ⅱ.①黄… Ⅲ.①王健林 – 生平事迹
Ⅳ.①K825.38

　中国版本图书馆CIP数据核字（2017）第262776号

王健林：山登绝顶我为峰

作　　者：黄鸿涯
策划编辑：胡小英
责任编辑：邵桃炜　李　健
封面设计：华业文创
责任审读：郭敬梅
责任印制：迈致红
出版发行：中华工商联合出版社有限责任公司
印　　刷：北京时捷印刷有限公司
版　　次：2018年1月第1版
印　　次：2018年1月第1次印刷
开　　本：710mm × 1020mm　1/16
字　　数：190千字
印　　张：16.5
书　　号：ISBN 978-7-5158-2133-7
定　　价：45.00元

服务热线：010-58301130
销售热线：010-58302813
地址邮编：北京市西城区西环广场A座
　　　　　19-20层，100044
http://www.chgslcbs.cn
E-mail: cicapl202@sina.com(营销中心)
E-mail: gslzbs@sina.com(总编室)

工商联版图书
版权所有　侵权必究

凡本社图书出现印装质量问
题，请与印务部联系。
联系电话：010-58302915

前　言

在中国商业地产的发展浪潮中，标杆企业万达一直是行业研究的样本，其当家人王健林带领团队创立了"订单商业地产"的运营模式成为后续跟进者争相研究、学习和模仿的对象。

然而，王健林本人并不满足"商业地产教父"的名号，他懂得顺势而为，也善于打破规则，一次次颠覆自我，让万达的摊子越铺越大。从商业地产到高级酒店，从百货连锁到文化投资，从电影院线运营到青岛东方影都开发……王健林带领万达一次次震惊业界，打造了一艘巨型商业航母，他自己的财富也呈几何倍数增长：2013年年初，胡润发布2013全球富豪榜单，他以780亿元的财富跻身华人第七；半年后彭博社发布的亿万富翁排行榜显示，他以1350亿元的身家成为新科中国首富。

商业帝国的崛起绝非一日之功。从林业工人、军队独行侠到下海淘金者，王健林主动改写着人生轨迹。在商海游弋多年的王健林带着万达搞过医药，做过电梯，研究过高科技，直到在特殊的历史环境下选择进入了房地产行业，才有了万达日后的风生水起。

尽管万达旗下院线、百货应有尽有，但王健林没有太多时间去休闲，他的时间全都用在了万达的投资和创意决策上。今天，他仍竭尽所能地出现在万达重大活动的每一个现场，在通往梦想的道路上继续奔跑着。

作为千亿元企业的掌舵人，王健林对外是规则的挑战者，对内则追求不可抗逆的规则。多年来，王健林对"最大""最早""最多""一流"的追求和热爱远胜于其他人，只要万达进入的行业，其他企业都视其为"猛虎"。于是我们看到，从商业地产教父到文化产业大鳄，王健林成为商业时代最出色的机遇猎手的代表。

王健林是一个战略家。同其他公司不同，王健林和万达集团对于公司未来之路有着高瞻远瞩的规划，既充满创业的理想，又拥有长远的战略眼光。王健林自迈出弃政从商的第一步就意识到了，企业必须走出去，只有走出去才能发展起来，才有机会做标杆企业、百年企业、国际企业。为此，他在房地产产业一片火热之际悄悄淡出，转型商业地产产业，又在商业地产产业风生水起之际着手转型文化产业。与其说中国地产业的快速兴起造就了万达集团的快速成长，不如说王健林在企业战略谋划上高人一筹。收购全球第二大院线公司；重金打造中国的好莱坞，让世界电影巨头们集聚青岛；打造全球唯一的电影科技乐园、全球最大的"万达城"……都是王健林为"百年万达，国际万达"所做的长远战略规划。

王健林是一个"狂人"。在万达集团创办之初，王健林就上演了一幕"千金散尽还复来"的经典剧情：他将政府奖励给他个人的15万元人民币分文未剩地全部分给了手下员工。15万元在20世纪80年代对于任何人而言绝对是一个天文数字，而王健林却轻轻一挥手，散尽了。这一举动令所有人大跌眼镜——现实中竟真有视金钱如无物的狂人。他扬言：只要万达进入的行业，其他的企业都没有机会做老大。

王健林是一个出色的导师。可以说，王健林是当代创业者的导师，当代青年人追逐的偶像人物，不仅是由于王健林成功地创造了一个经典的东方企业神速崛起的神话，更重要的是王健林能够毫无保留地将自己的创业经验与大家进行分享，一句句独特、简练、风趣、朴实，恰如其人的经典语句早已成为众多创业者的指南。王健林思维敏捷，能言善辩，在各个场合与众人探讨创业的经验与心得，并常在不同的演讲中诠释自己的商业理念、经营智慧，其中涉及商业模式、企业前程、管理理念、形势分析等。

今天，王健林仍旧带领着万达将商业触角延伸至欧美，让世界重新认识中国民营企业的精彩。毫无疑问，万达也由此成为中国房地产优秀企业的成长范本，是无数从商人士汲取智慧、管理经验的标杆。"如果说做一流企业，万达现在已经是了。但我希望万达能成为一个世界性品牌，未来能够有20%~30%的收入来自国际。"这是王健林朴实的中国梦。

目　录

第一章　"订单商业地产"模式展示"万达速度"

身为中国的"商业地产教父"，王健林带领万达集团以"订单商业地产"运营模式在业内树立了一个标杆。后续跟进的商业地产开发企业争相研究、学习和模仿，却始终无法超越。那么，这个行业先锋的模式路径和执行策略有哪些秘而不宣的细节呢？

顺势而为是一种智慧

二十多年前，王健林离开部队，来到地方做了一名处级干部。但是他不安于现状，下海做起了生意。自此，世间多了一名成功的商人……

创业之初，王健林处于一种懵懵懂懂的状态，机缘巧合地选择了房地产开发这个当时并未兴起的行业。很快中国的城市化改革开始了，中国的城市人口由原有的一亿多瞬间发展到了六亿多，随之而来的是房地产市场的大爆发。从这一角度来讲，王健林是幸运的，他的创业方向顺应了国家的大趋势。在房地产这块大蛋糕中，王健林成功淘得了第一桶金。

新的时代，新的机遇。王健林抓住了20世纪80年代中国房地产开发的大好机遇，随后顺势而为，迎接商业地产的新机会，书写了一段商业传奇。

成功者往往胸怀大志，王健林也不例外。尽管他一手创办的万达那时就已经声名远播，但他并不满足于此，而是志在追求更高的人生目标——他要带领万达走出大连，走出中国，做世界级的长寿企业。面对这样一个远大的梦想，万达企业像一名充满斗志的钢铁战士，不畏艰难险阻，一路披荆斩棘，朝着梦想执着地奔跑着。

多年的军旅生涯练就了王健林异于常人的果断性格。随着住宅地产市场的逐渐饱和，他很快意识到了住宅地产行业的暂时性。相比于住宅地产的暂时性，王健林更看好商业地产的可持续发展性。于是他大手一挥，斩钉截铁地将公司的重心撤出了住宅地产市场，万达一头扎进了商业地产开发这块充满未知数的洪流中。在这个全新的市场上王健林摔倒了无数次，但是每一次挫折之后他都选择了坚持——坚持重新爬起来，坚持自己的梦想。

对此，王健林曾和大家分享过这样一个故事，这也是万达转投商业地产之后亲身经历的一件事。

沈阳太原街的万达广场在设计之初曾专门请教国内两位知名的商业专家帮忙设计了一个步行街项目。项目落成后，销售工作很快就结束了。就在大家正沉浸在一片成功的喜悦中时，令人意想不到的事情发生了。店面卖掉之后没多久，便接到了客户的集体诉讼，原由是他们买了店面后生意一落千丈，几乎是颗粒无收。虽然最终官司赢了，但王健林觉得心里不安，这并不是项目设计之初的本意，但他实在不忍心见到老百姓辛辛苦苦攒下的积蓄就这样打了水漂。于是王健林决定打碎牙往肚里咽，为客户解决好这个问题。[①]

王健林为此又请了一些专家来出谋划策，有的专家说项目设计中缺一个盖的设计，没法遮风挡雨；有的专家说地下空间设计不合理，导致交通不畅等。王健林均依照专家们的建议逐一落实，前前后后折腾了三四年，花了好几千万，可问题依然没解决。面对再也无法救活的步行街项目，王健林最终决定将整个步行街的项目炸掉，重新设计建造，彻底解决问题。这样一来，损失资金至少达十五六亿元。[②]

对此，万达高层都沉默了，毕竟这不是一个小数目，况且这件事的责任原本不在万达，因此大家都觉得付出这么大的代价有些不值得。可倔强的王健林坚持要为此事负责到底，他宁愿自己吃亏也绝不让老百姓的利益受损。就这样，原本已经销售殆尽的整条步行街瞬间便化为灰烬了。经此一役，沈阳的万达火了，众人都知道万达重信誉，王健林重信誉。尽管付出的代价着实不小，可王健林觉得很值，看到百姓们信服的眼神，他原本

有些沮丧的心一下敞亮了起来。

任何一个企业的发展都不是一帆风顺的，万达的成长也不例外，而其中的坎坷与艰辛更是常人难以体会到的。然而无论怎样艰难，倔强的王健林都坚定地挺了过来。用王健林的话来说："我到了黄河心也不死，撞了南墙也不回来，为什么？到了黄河搭个桥就过去了，撞了南墙搭个梯子翻过去。只有这种精神，才能够获得所谓的成功。"

凭借坚持不懈的意志力，王健林挺过了一次又一次难关，终于守得云开见月明。经历了一段时期的努力和摸索，万达终于迎来了商业地产的春天。中国经济的快速发展和人口数量的直线上升为国内商业地产的发展提供了巨大的空间，尤其是进入21世纪以后，商业地产的发展势头明显加快。面对这样的大好机遇，万达以迅雷不及掩耳之势迅速占领了市场，并不断进行产品的革新，从最初的单店模式到今天的城市综合体，万达一直坚定不移地走在商业地产的最前端。

万达的成长经验告诉我们，商机对于每个企业都是异常重要的。创业之路上，取得成功的机会很多，抓住了它们，成功之门往往就在眼前。现实生活中，很多企业面临举步维艰的局面，是因为它们没有做好准备迎接新商机。因而，面对即将到来的新机会，企业需做好如下准备：

第一，量身定制自身的发展规划，准确、理性地把握当前及未来的市场动态。

万达之所以选择做商业地产，最主要的原因在于王健林将企业的发展方向定位于要做一个"百年企业"。在这一价值观的影响下，王健林分析，住宅项目最大的瓶颈在于土地资源是不可再生的，随着住宅的开发规模增大，中国可供开发的土地资源必将出现枯竭的局面，到时候开发商就会面对"巧妇难为无米之炊"的僵局。为此，万达要提早打算，选择一条更为宽广、更为光明的道路。商业地产的可持续经营完全符合万达长远发展的战略目标，于是万达进入了商业地产开发这一领域。万达的这次成功转型被形象地称为"蓝海战略"，意指放弃一个小岛，赢得了一片蓝海。

第二,拥有敢想敢做的气魄,拿得起放得下的肚量。

万达的成功转型充分展现了王健林面对复杂商业局势所表现出来的果敢、异于常人的魄力。今天国内商业地产所面临的全新机遇,王健林早在2002年就已经清醒地意识到了,并为之放弃了当时轰轰烈烈的住宅项目开发工作,完成了公司的提早布局。当时,王健林领导的万达是大连市最大的区域型住宅开发商,年开发量占大连开发总量的四分之一。面对这样如日中天的事业,王健林能够毫不犹豫地、毅然决然地选择了放弃。这种敢想敢做的气魄和拿得起放得下的肚量成就了这位名副其实的商界大亨,也造就了金碧辉煌的万达。

第三,拥有高瞻远瞩的眼界,能够看到未来的发展趋势。

凯瑟琳·罗甘说:"远见告诉我们可能会得到什么东西,远见召唤我们去行动。心中有了一幅宏图,我们就从一个成就走向了另一个成就,把身边的物质条件作为跳板,跳向更高、更好的境界。这样,我们就拥有了无可衡量的永恒价值。"王健林无疑是拥有"远见"的,凭借"远见"这种无形的智慧,万达在商业的巨大画卷中洞察到了未来的先机,抓住了时代发展的大趋势,实现了别人无法想象的成功。

人生中会面临很多的机会,有的机会是突如其来的,在这种机会面前人人平等;也有一些机会是被创造出来的,只要创造者拥有足够的勇气、睿智的头脑、敏锐的观察力和判断力,自然可以造势。但是无论哪种机会都不会光顾那些毫无准备的人,王健林深知这一点,他坚信:抓住机会是一种智慧,创造机会更是一种大智慧。王健林从不打无准备之仗,也许是17年军旅生活遗留下来的习惯,无论在生活中还是在工作上,他时时刻刻都在勤奋地准备着,努力在各个方面提升自己,以便迎接各种机遇的降临。

商业地产 VS 住宅地产

　　住宅地产和商业地产是万达的两个支柱，万达起步于住宅地产，成名于商业地产，二者之间存在着明显的区别。最终，万达选择了商业地产作为业务核心，原因在于它具有住宅地产无法比拟的商业优势。

　　首先，富贵险中求，商业地产有更丰厚的利润。

　　想要引导一群羊，只要牵着头羊走，后面的羊就都会跟着走。即使前面是一片沙漠，后面的羊也会跟着头羊走进沙漠。如果头羊发现了一片肥沃的绿草地并在那里吃到了新鲜的青草，后面的羊群就会一哄而上，争抢那里的青草，全然不顾旁边虎视眈眈的狼，也看不到远处还有更好的青草。随大流是典型的羊群特性，而对谋求更大成功的经营者来说，必须做一只特立独行的狮子，敢于去冒险，才能获得更为丰厚的利润。

　　显然，王健林就是一头特立独行的狮子，他从不会顺应大流，而总喜欢做一些别人不愿做的事情。2002年，王健林尝试商业地产开发。当时他的这一"奇思妙想"并不被人看好，很多朋友都劝他说："住宅地产搞得顺风顺水的，何必冒这个风险呢？"可王健林不这样想，他认为：如果所有人都认为这件事可以干，那么这件事情一定不能干。无论是前瞻性还是判断力，只有少数人判断对了一个事情，且敢于去做，这个事情才有可能成功。①

---

　　① 黎晴. 乐居观察：万达模式的东莞故事［N/OL］. 东莞乐居网［2012-12-28］. http://dg.leju.com/news/2012-12-28/164763122.shtml.

事实证明，王健林的决策是正确的。与住宅地产相比，商业地产在中国内地是一种全新的事业，风险与机会并存。投资商业地产所潜藏的风险不言而喻，但其中蕴含的机会也是千载难逢的。中国有句古语，叫"富贵险中求"。是冒险一搏还是安于现状，王健林选择了冒险，他说："不冒险就是最大的风险。"

其次，选择商业地产是顺势而为的结果。

王健林是一个非常善于借势的聪明人。2002年，万达尝试向商业地产转型，并希望能与世界500强沃尔玛公司合作。为了达到这一目标，王健林数次登门拜访相关负责人，终究没能如愿以偿。无奈之下，王健林向政府的相关人士借势，最终达成合作。从此，王健林更加重视借势、造势的作用。

在万达扩张的初期，基于商业地产能带动城市经济发展这一功能，万达增加了与政府谈判拿地的筹码。在城市土地紧俏的严峻形势下，万达拿地周期快、成本低，凭借的就是商业地产顺应了城市快速发展这一优势。如今的万达早已风生水起，坐上了商业地产江湖霸主的位子，换成沃尔玛的负责人三顾茅庐地拜访王健林了。

相比之下，住宅地产的大形势则不容乐观。随着房地产市场泡沫的不断扩大，国家政策发挥了宏观调控的职能，严格把控房地产开发的各个环节，尤其是随着限购政策的出台，导致了房地产开发的寒冬出现。加之过于激烈的市场竞争，更加大了房地产开发的拿地成本，使得开发商们进退两难，举步维艰。当初，如果王健林没能及时转投商业地产，那么今天万达也将会面临着同样的窘境。由此可见，顺势而为，是多么明智的选择！在这一环节上，商业地产再次战胜了住宅地产，王健林也由此成为时代的猎手。

再次，商业地产具有可持续发展性，前景不可限量。

王健林回忆，刚刚从事商业地产开发时，万达所经历的各种磨难真是数不胜数。当时城市综合体项目在中国是个新兴事物，过去没人做过，因而项目开发的前三年就打了222场官司，平均每五天就上一次法庭，可

想而知，当时是怎样一种令人头疼的局面。对此，王健林曾开玩笑似地说过："那些年我们什么都没干，净忙着打官司了。"就是这样艰难的开头依然没有迫使王健林放弃商业地产，他坚信商业地产具有可持续发展性，做好了能够带给万达稳定长期的回报。功夫不负有心人，王健林终于熬过了所有的难关，迎来商业地产的春天。

今天，万达不仅稳居商业地产的龙头，更一跃成为地产界的标杆企业，使得后续跟进的商业地产开发企业，始终无法赶超。事实上，从行业的稳定长远性看，商业地产有着较住宅地产无法比拟的优势。住宅地产有高潮与低潮的起落，纵观全球的住宅地产业，没有持续50年兴旺的住宅市场。而商业地产契合经济发展步伐，尤其是伴随着中国经济持续快速健康发展，必将迎来长久的黄金期。因此，万达志在做百年企业，就注定要弱化住宅地产业务，专攻商业地产项目，建立自己的经营特色。

第四，商业地产潜在的升值空间巨大。

万达的商业地产项目本着只租不售的原则进行，其所开发出来的利润可以通过无数次、多种途径的不定期收入形成，其中包括出租的收入、自营的收入等。也就是说，万达出租的只是项目的使用权，而这些项目的真正产权没变。因此，随着房地产项目一路走红，万达拥有着这些项目的潜在升值价值。对此，王健林曾表示：很多城市的万达广场即使不收取租金，仅商业项目本身就在成倍地增长着。由此可见，随着时代的进步，国内经济的快速发展，项目本身的增值便成了万达一笔不小的额外收入。

而住宅地产则不具备这一升值潜能。住宅的开发利润途径只有一个来源，那便是通过销售房地产来取得。这种收入是一次性的，房子卖掉之后就变成了别人的财产，无论日后的升值空间有多大，受益人都是房子本身的拥有者。因而，就享受资产升值的双重利益这一特有功能而言，商业地产再一次占据了优势地位。

第五，商业地产比住宅地产更具稳定性。

商业地产最不容易受到经济周期的影响。经济低潮时，住宅行业受到了很大的冲击，但商业地产不同，它是一种以商业为载体的地产开发模式，无论什么时候，人们都需要进行生活用品、各种消费品的交易活动。因而即使在经济的低谷期，商业地产仍能如火如荼地进行下去。比如，1997年整个亚洲面临着一场前所未有的金融危机，在此期间几乎各行各业都受到了严重创伤，只有零售行业表现出增长之势。可见商业地产具有很强的稳定性，抗风险能力更大。

商业地产兼容了地产和商业的双重属性，横跨房地产业和商业之间，是一种复合式的业务模式，其真正的价值取决于后期经营中的现金回流，如果后期经营成功，将会带来高额的收益，不足之处就是开发投资回收期较长，少则几年多则数十年。而住宅地产属于单一的地产业，不具备商业价值，但是住宅地产是通过销售达到资金回笼的目的，短期内能迅速实现收益。

对于万达而言，企业在不同时期有不同时期的需求：扩张初期，万达需要大量的周转资金，此时住宅地产投资周期短的优势最为明显，因而住宅地产成为万达的支柱产业；当有一定经济基础之后，王健林就更加侧重于万达的百年发展战略，因而商业地产的可持续发展的优势明显超过了住宅地产。总体而言，商业地产与住宅地产各有各的优势，不同时代有不同的适应者，不过是"物竞天择，适者生存"而已。

把握中国城市运营大趋势

21世纪是房地产投资的黄金时期，前十年是住宅地产投资的热潮，接着便迎来商业地产投资的热潮。在这段地产的黄金期里瞬间涌现出了不少成功的企业家，王健林就是其中的一名佼佼者。

很多人说王健林、潘石屹等真是太幸运了，赶上了房地产大火爆这个千载难逢的好时机，几乎一夜间就暴发了起来，真是羡煞众人。其实不然，王健林的成功固然与赶上好时机有关联，但在千载难逢的好机会面前每个人都是公平的，为什么只有寥寥的几个人成功抓住了机会，一跃龙门呢？国家的政策、发展的形势明明白白地摆在那里，能不能把握时代的大趋势进而创造出真正的大机会，关键在于个人的商业素质。

常言道："不入虎穴，焉得虎子。"想要抓住机会却又不想冒风险，那是不可能的。成功人士无不独具慧眼，他们能在机会中看到风险，更能在风险中把握机会。万达之所以迅速崛起，原因就在于王健林准确地把握了时机，抓住了中国城市运营的大趋势，成功自然水到渠成。

21世纪的前十年，正值国家大力倡导加速城市化脚步，各种相关政策相继出台，政府也投入了大量的人力、财力，用于加快城市的经济发展。与此同时，城乡之间的差距开始逐渐拉开。随着城市建设的火爆进行，各类发展机会也应运而生，大批新一代青壮年拥挤一线城市，故而出现了城市人口瞬间由原来的一亿多发展为六亿多的奇特现象。此时，王健林机缘巧合地抓住了国家城市运营的这一大趋势，跻身于房地产开发的浪潮中并顺势而上，将房地产开发进行得有声有色。

经过十多年的发展，王健林成为房地产界的知名人士，万达也名声在外。此时，国内城市运营的趋势发生了改变。基于住宅地产泡沫的不断膨大，民众压力过大，国家开始发挥宏观调控的职能，强制干涉住宅价格的疯狂上涨，抑制地产业泡沫的继续膨大。与此同时，一线城市也出现了寸金寸土的局面，土地资源严重不足。面对这些现象，王健林再次选择适应城市运营的大趋势，推动万达主动转型。由此，商业地产开发开始登上舞台，万达也揭开了跨越式发展的崭新一幕。

王健林非常重视与政府之间的合作，关注于城市运营工作的重点，所有万达的项目设计尽量符合当地政府的总体规划。例如，针对于加速老城区改造、城市新区的兴起、城市大变样等相关的市容改造项目，万达进行了产品的更新——第三代城市综合体诞生了。这一新兴产品模式的诞生有效地带动了一个城市或一个区域的基础建设，提升了城市居民的生活品质，推动了城市化的进程。此外，在项目选址上万达也进行了调整。相比寸土寸金的城市核心商圈，万达更愿意选择城市新兴的副商业中心或城市新区，如此一来既符合政府发展城市新区的规划，也符合城市综合体项目本身的内在要求。可以说，万达的成功落户，无论是在扩大内需、解决就业方面，还是增加税收方面都发挥了积极的促进作用。从政府的角度来讲，为了让城市更好地发展，吸引商业地产投资，在地价、税收等方面均给予了商业地产开发运营商很大的引导和支持，因而万达深受各地政府的青睐。有了政府的支持，万达拿地速度极快，拿地成本极低，这也是多年来万达一直创造商业地产神话的主要原因之一。

如今的万达不只是传统意义上的房地产开发商，它更是一座城市的运营者。凭借着二十几年的商业积累，旗下的万达广场已经成为中国众多城市的靓丽名片。一方面是中国城市化进程的稳步推进，一方面是地方政府的GDP冲动，万达踩准了政府的节奏，找到了自己介入城市发展的落脚点。由此，王健林准确把脉中国城市运营大趋势，带动万达一路做大做强。

近年来，随着人类生存环境的不断恶化，环境问题成了世界各国的

热门话题。中国政府也非常重视环境的改善，明确提出在发展经济的同时不得以牺牲生态环境为代价，并将城市环境作为各个城市绩效的考察对象之一。在这一大趋势下，国家大力支持新能源的研发，制定了很多关于新能源行业的优惠政策。对此，王健林一如既往地选择顺应城市运营的大趋势，支持绿色环保，支持新能源的研发。因而，最近几年万达的项目建设非常重视环保、节能环节的设计。直至2012年，万达集团共有10个万达酒店、12个住宅项目、17个万达广场获得国家住房和城乡建设部"绿色建筑设计"认证；其中10个万达广场还获得了国家住房和城乡建设部"绿色建筑运行"认证；万达学院也获得国家住房和城乡建设部"绿色建筑运行"的三星级认证。到目前为止，万达是全国唯一一家同时获得"绿色建筑"三星级设计和运行认证的房地产企业，其在绿色节能方面的成就遥遥领先于国内其他企业。在绿色地产领域，王健林带领万达再次站在了时代潮头，其对中国运营大趋势的准确把握能力的确令人称道。

对于企业而言，是否顺应时代发展趋势决定着生死存亡。为了顺应时代的发展，企业必须从多个角度分析时局，将企业发展与时局相结合，不做闭目塞听的"聋子企业"。

关于未来中国经济走势的问题，王健林是这样说的："目前我们已经开始下决心展开新一轮改革，如果让中国民营企业有更多的投资机会和发展空间，中国未来经济还有更大的提升，我预感中国民营企业的第二个春天要来了。"

一名合格的企业家对中国经济应具有一定的理解和分析能力。不关心时局发展的领导者无异于自我封闭的国王，与世隔绝、一心沉迷于自己的美梦中，只能在竞争中败北。关心世界发展局势，关心中国发展局势，关心行业发展局势，丰富的信息量可以让经营者在决策时更加英明，更加理智，为企业赢得广阔的发展空间。

一支部队是否足够强悍，足够勇猛，与其主帅的自身修养密不可分。作为万达的核心人物，王健林可以说是一位不折不扣的能将。他爱思考，有足够理智、足够睿智的头脑和深远的见识，既敢于冒险又不会一味盲干，非常善于把握时代发展的大趋势，顺应社会发展的大浪潮。

干一行，通一行

人们常说：干一行要通一行。谈起商业地产的盈利之道，王健林能讲得头头是道，王健林是少数在商业地产领域中游刃有余的行家，"商业地产界教父"这个称呼的背后是王健林多年来坚持不断的摸索与碰壁。

万达作为一个房地产企业，最值得人欣赏的是它敢于正视过去，正视失败。数年来，万达在一片欢呼与斥责声中一路走来，不断探索和审视商业地产模式，反思过往的成败。就是在这样一种不断解剖、不断改革的过程中，万达最终探索出了最适合自身特点的商业地产模式，并认真分析研究，吃透了商业地产的盈利之道：

第一，万达坚持将新的利润增长点落实在商业地产的创新领域处，及时寻找未被发现的新增长机会，比如商业管理公司。万达成立商业管理公司的初衷，仅仅为了解决人才难觅的局面。可经过几年的发展，商业管理公司竟发展成了万达的一个爆发式的新利润增长点。

第二，万达的另一个利润增长点是充分利用商业广场外墙做广告出租业务。这个看似有些不起眼的点子，所产生的经济效益不容忽视，上海万达商业广场每年的广告收入已经超过了1500万元。目前万达集团正在充分发挥这一现有资源的商业价值，与多个大公司洽谈外墙广告的承包问题，有望继续提升这一利润空间。

第三，加强后期商业运营的管理。万达加强了项目开业之后经营管理

的服务力度，实施统一招商统一管理，从而有效地保障了项目运营的成功和商户利益。在招商过程中，对优质商户进行严格的筛选，不以提高销售业绩为目的，而是提高商户进入的门槛，对销售对象和招租商户进行严格把关，只有经营形式、企业信誉、经营品种等方面均符合万达的要求之后才能入驻，这为万达之后的经营管理打下了很好的基础。

第四，加大商业项目的持有比例，有的项目几乎采用全部持有物业的形式，从而使万达加强项目后期运营的掌控和管理权，使项目的发展更加符合商业的整体利益。

第五，万达注重以长期的租金收益和资产升值收益为主要利润来源，变销售盈利模式为租金盈利模式，这样商业地产开发运营的模式更加合理化。

第六，万达把尊重商业地产开发的客观规律放在很重要的位置。万达十分重视商业地产开发阶段的管理，从最基层开始创收。项目开发前期的商业管理介入使项目从商业定位、布局、项目各项功能配套和设备配套更符合其后期的商业经营的需求，为商户投资者的经营利益奠定牢固的基础。

一个企业想要盈利，首先要选对商业模式，其次通过对商业模式的分析思考，尽可能多地找出这种商业模式的盈利之道。任何一种商业模式都不是"万能"的，不同时期、不同地区，企业所适用的商业模式是有很大区别的，只有适合的模式才是最科学的运营模式，才是真正的利润保证。那么，企业在选择适合自身发展的商业模式时，有哪些诀窍呢？

第一，不做霸盘。俗话说："商场如战场，不是你死就是我活。"因而很多企业总是试图通过"霸盘"这种非正当竞争手段，违反商场正常秩序，强行占有全部资源，从根源上断了竞争对手的生路。如此不择手段的商业模式只能带来一时昌盛，从长远来看，众商均仿之必然会自食恶果，最终陷入万劫不复的深渊之中。王健林从经商之初就坚持合作共赢，因此才有了万达日益发展壮大的新局面。

第二，机会与风险并存。新的领域的确机会多，可风险也同样大。

真正创新成功的人只有极少数人，大部分创新者都成了探路者，倒在了路边。因此，王健林提醒经营者，试图通过创新取得成功的企业一定要理性地分析机会与风险指数，进行有分寸的创新。

第三，不要盲目随波。现在有很多企业并不了解自己，不知道哪些模式适合自己，看到哪个企业赚钱了便迅速效仿。众企业一哄而上，很快导致市场过于饱和，最终的结果是大家谁也没赚到钱，甚至很有可能赔钱。因而，企业在选择商业模式时要坚决杜绝羊群效应，认真分析自身的长短处，扬长避短地选择商业模式。王健林带领万达走到今天，每一步都是不断试错才摸索出来的。

第四，结合社会的大背景。企业生存在社会这个大背景下，其发展的每一步都离不开时代的趋势和需求。很多商业模式都是时代发展的产物，社会认可它，大众需要它，社会资源才会供应它，它才有生存发展的空间。那些不适合大背景的商业模式注定是失败的模式，没有社会的供养，何谈生存发展？

在王健林看来，盈利之道是企业赖以生存的沃土，是企业运营的目的地。没有不重视利润的企业，没有利润的企业连基本的生存都做不到，何谈造福社会，造福人类……因而，吃透商业模式的盈利之道，是一个企业应该具有的基本生存技能。

首先，把握商业模式的本质，顺应其发展规律。

世间万物的发展都有一定之规，违反其自然规律必然导致灾难的到来。对于企业而言，只有仔细研究分析自身的商业模式，把握住商业模式的本质才能充分发挥出其优势。例如一家大型的连锁超市，它的营业模式就是薄利多销，如果企业的运营者不去理会商业模式的本质，一味追求高利润，放弃薄利商品转而倾销高利润的奢侈品，结果可想而知。只有准确把握住商业模式的本质，才能吃透盈利之道，使企业获得丰厚的利润回报。

其次，善于发掘商业模式的未知领域。

商业模式就像一个弹簧一样，它的盈利能力随着企业运营者的思维可长可短。对于那些善于思考、善于创新的运营者而言，商业模式的未知领

域无限大；对于那些思维空间窄小、中规中矩的运营者而言，守业也许是他们的强项，创业和拓展事业则不太现实，对商业模式的盈利之道挖掘也会很有限。

再次，轻眼前利益，重长远利益。

企业的运营者一定要有远见，没有远见的人只会看到眼前芝麻大的利益，却错过更长远的大利益。很多商业模式的盈利之道在于未来，且往往这些需要预见的盈利之道将会带来真正的大利益。这就要求企业要有大智慧——轻眼前利益，重长远利益。

由此可见，一个企业想要吃透其商业模式的盈利之道，并非易事，需要企业具有足够的智慧、丰富的经验、远见卓识，而这些技能的培养是一个漫长而又必须亲身经历的过程。王健林的经历告诉我们，做生意没有任何捷径、任何绝招，唯一的方法就是脚踏实地，踏踏实实地耕耘。找到了适合自己企业的盈利之道，你就成功了一半。

该出手时就出手

　　2007年至2010年是中国房地产行业的春天。这段时间里中国房地产行业经历了前所未有的高速发展期，与此同时，万达就像一匹脱缰的野马快速出击在国内的各个城市，以其惊人的神速开疆辟土，跑马圈地，实现了企业的高增长——年开业项目多达二十多个的高速增长。这就是传说中的"万达速度"。

　　"万达速度"不仅仅是万达的一个专有词汇，更是业内及社会对万达的一种高度认可，也是万达公司对自身工作效率的一种最直接的证明。放眼整个华夏，没有任何一家企业敢在一年前就提前宣布次年项目的开业时间，只有万达敢这样做。对此，许多人感觉不可思议，认为万达创造了一个行业内的神话。但是王健林却不这么想，他认为万达目前的增长速度是极其平常的。这究竟是王健林的逢场作戏，还是他的确拥有这份自信呢？

　　事实胜于雄辩，2006年万达广场仅有13家，到了2012年全国各地的万达广场数量已经发展到了70多家。可见，王健林的自信并非是一时的妄自尊大，而是源于万达实实在在的强大实力。万达从拿地到项目开业仅需18个月，这个时间周期充分体现了万达拿地的高效性。想要做到这一点，没有当地政府的支持是绝不可能的。对此，王健林也曾明确表示："万达速度之所以堪称业内神话，离不开各地政府的支持。"① 万达广场能做到

---

　　① 张俊杰.王健林决策万达的66条金典［M］.北京：中国商业出版社，2014.

让百姓满意、政府满意、企业满意，真正实现多方共赢的局面，其秘诀是什么呢？

首先，与政府的城市化发展策略紧密度高。万达顺应了中国城市发展的大趋势，满足各地政府加快城市发展的需求，例如万达的第三代产品——城市综合体，已经被看成了高档次城市的名片，既提升了城市档次，又缓解了当地的就业压力，因而备受各地政府的青睐。作为回报，政府为万达提供了快速拿地、土地分期付款等相关优惠政策。就这样，万达与各地政府共创了一个双方互赢的默契，同时也为万达日后的高速增长提供了有力的保障。

其次，在瞬息万变的市场中抓住机会，迅速崛起。在国内房地产快速发展期内，万达早已完成了一切自身的准备工作，故而在行业的大周期内没有出现重大失误。正是由于万达已经提前做好准备，所以在时机降临的一瞬间就能以迅雷不及掩耳之势快速抓住机会，并一鼓作气，快速占领国内市场。

企业的发展就如同人生一样，尽管过程很漫长，但要紧处就那么几步。对于一个企业来讲，能否抓住机遇是十分关键的，在企业的关键时刻，一次的努力能抵得上平时的几次、几十次的努力，一年的努力能抵得上几年乃至几十年的努力。从这个意义上讲，把握住了关键时刻就等于实现了企业的大飞跃。因而，怎样把握最合适的时机就成了一个成功企业家不得不思考的问题。王健林把握商业地产的精准运作能力带给我们哪些有益的启示呢？

第一，企业要学会创造机会。

有一种说法认为"机会可遇而不可求"，其实，机会的产生也有其内在规律。如果一个人或是一家企业拥有足够的头脑、足够的远见，便会发现机会其实是可以被创造出来的。其实，任何一家企业的成功都取决于把握和创造机会的能力和过程。现实往往是弱者苦等机会，强者创造机会。机会不会自动地送上门来，只有不断地改革、变化以吸引别人的注意力，才有可能寻找到机会。王健林的体会是，企业一定要具有创新精神，不断进行改革，以适应时代的大背景，这样才有可能叩响机会的大门，最终的结局也因此迥然不同。

第二，企业一旦发现机会就应该果断决策，该出手时就出手。

丘吉尔曾说："没有人希望做个失败者，每个人都有责任去争取胜利。"其实企业也是如此，与世无争的企业必然面临着倒闭。商场如战场，每一分每一秒都可能导致战场上的战况陡变，商场也是如此，没有果断的领导者就意味着失去很多大好时机。当机会降临时，任何一个成功的企业都要做好一件事，那就是尽全力接住机会，千万不要犹豫，该出手时就出手，谦虚与含蓄对于一个生机勃勃的企业来讲是极为不合时宜的。在这一点上，王健林表现出了超常的果断性格。当商业地产的好时机降临时，王健林采用了非常手段，坚决地要求万达以最快的速度占领市场，快速实现行业内的饱和。尽管如此神速的增长给万达带来了无比巨大的资金压力，但是王健林依旧顶风而上，勇敢地迎接一切可能降临的风雪。俗语说"能扛才是硬肩膀"，王健林的肩膀不仅扛起了万达帝国的万丈基业，也同样扛起了中国民营企业的光明前景。

现实中，很多企业所拥有的资源都差不多，所面对的环境也大同小异，唯一不同的是企业面对关键的那几步时所采取的反应。"狭路相逢勇者胜"，既然资源和条件都相同，那么就要学会更快地发现商机，甚至是没有商机时创造商机也要上，有了商机就要最大化地利用这个机会，迅速壮大自己。

快速复制成就高速发展

万达是中国地产商中最早涉足商业地产开发的企业之一，当别的地产企业还在为采用何种商品模式，如何进行招商，怎样管理团队等苦恼时，万达却早已经有了一套成熟的运营模式，并创造了一年之内开业项目多达二十几个的地产界神话。

面对令人匪夷所思的成绩，王健林竟无任何惊喜地说："不是万达商业地产公司实现了高速成长，只要多给资金，多配几套人马，换成另一家公司也能做到这一点。"[①] 看似带了些许骄傲意味的话语背后，蕴含着哪些成功秘诀呢？

首先，万达实现公司内部的快速复制最主要的原因之一，便是其独创的"订单式商业地产"模式。万达与国美电器、沃尔玛、万佳等实力派企业建立了长期的合作关系，可以说哪里有万达，哪里就有它们的身影。除此之外，万达还经营着自己的万达影院、万达百货、KTV等多种商业项目，这些项目本着"近水楼台先得月"原则，重点依附着万达广场。如此一来，万达的项目实际上在项目筹建之初就已经完成了招商工作的60%，大大缩短了后期的招商周期，降低了招商工作的难度，也确保了项目建成之后招商工作的顺利完成。这种订单式的招商模式是万达实现公司内部快速

---

① 张俊杰.王健林决策万达的66条金典［M］.北京：中国商业出版社，2014.

复制的主要后勤保障。

其次，万达由于入行已久，因而积累的经验非常丰富，在实践中也很实用，这就从专业技能上大大提升了万达公司内部的快速复制能力。经验是通过实际工作中一点一滴总结出来的宝贵教训，万达多年积攒下来的经验得以充分利用，在这些宝贵经验的指导下，万达学院甚至专门研制了一套产品的设计标准。这使项目的规划设计工作从开始时就有了重要的参考依据，工作人员只需要结合当地的实际情况将参考标准进行一些简单的修改，便能直接套用万达自己的产品设计标准了。项目的前期设计工作被大大简化，保障了公司内部的快速复制。

再有，企业领航人王健林将自己多年在部队生活形成的良好习惯融入到万达的管理工作之中，打造了一支执行力超强的军事化管理团队。在万达，严格奉行"令行禁止"的军事化管理文化，并制定了严明的赏罚标准，作为公司内部规章。团队军事作风过硬，确保了各个项目能同时开工运行。

如今，万达的高速复制能力已经得到了社会各界的广泛认可，同样条件下、同时开工的项目工程，万达已经敞开大门做起生意了，而其他公司还在日夜赶工呢。这其中的差异值得深思。

商场上，一个企业若想做大做强，除了有独特的产品模式外，还要重视经验这笔无形财富的合理运用。重视经验，善于弥补不足，吸取以往的教训，就能在后面的行动中快速上手，比竞争对手做得更专业。那么，在企业经营过程中，应该如何培养这种强大的经验整合能力呢？

第一，失败也是一种财富。

任何人都渴望成功，然而在涉世之初因为缺乏正确的指导，很多人往往事倍功半，无所作为，甚至有的人还会接受一些错误的信息，从而误入歧途。做企业同样如此，从创业的那一刻开始，我们就注定要经历大大小小的失败，它们如冬日里的霜雪，既可以凋叶摧草，也可以使菊香梅艳。但真正顽强的经营者敢于正视失败，因为他们深知：失败是成功之母，没有前面九十九次的失败，就不会有第一百次的成功。失败是通往成功的阶

梯，每失败一次就意味着距离成功又近了一步。因而，企业遭受失败时一定要懂得总结教训，寻找问题的根源，从中找到自身的不足，从失败中摸索通往成功的道路。

第二，走出去，去学习。

有句电影台词说得好："如果你不出来走走，你就会以为这就是世界。当你跳出自我的圈子，从自己狭小的空间里走出来，把眼光放开，你就会发现，其实世界上有很多宝贵的经验都值得我们借鉴。"如果一个企业想要少走弯路，少经历失败的痛苦，最有效的办法就是主动走出去学习、借鉴其他企业的经验。王健林认为，企业也是如此，走出去，去学习和借鉴是一家成功企业必不可少的文化底蕴。

第三，具备超强的执行力。

执行力是对一个企业员工的心态能力和技术能力的综合，两种能力缺一不可。对于企业而言，提升执行力的方法有两个：一是积极寻找具有卓越执行力的员工；二是注重内部培训，打造出一支具有卓越执行力的团队。

企业在关注员工技能提升的同时，还要重视员工心态和价值观的塑造，坚持两手都要硬的原则，从而打造出具有卓越执行力的团队。

第四，给员工足够的动力。

美国心理学家亚当斯曾研究过人的积极性与分配方法之间的关系，最后指出：工资报酬的合理性和公平性对人们工作的积极性有较大的影响。这说明，"赏罚分明"能使人心服口服，能增强公司的执行力，从而顺利完成组织目标。作为企业的管理者，对员工进行心态培训的同时还应注意奖罚技巧的运用。一个企业必须有好的激励策略，使得下属有足够的动力和激情来面对激烈、残酷的竞争，才能实现组织的目标。好的激励制度的设计应把奖励和惩罚两种手段有机结合起来。

奖励是一种正向性激励，惩罚是一种负向性激励，两者可以说是殊途同归。遗憾的是，很多企业的领导总是重视运用奖励手段，冷落惩罚手段，出现了"一手硬一手软"的现象。从管理的角度来讲，这种激励是不全面的。奖功必须罚过，奖勤必须罚懒，奖能必须罚庸。只奖不罚就不能激浊扬清，达到调动积极性的目的。与奖励比起来，惩罚是一种更难运用的领导艺术，掌握得好，会起到与表扬奖励同等甚至更大的作用，掌握得不好，也可能会伤害人的感情，影响下属的积极性。但是无论如何，作为领导者，对赏与罚都必须善加运用，并且做到公平、公正。多年来，王健林在万达内部设立了有效的激励机制，最大程度上调动了员工的积极性、主动性和创造性，由此也使万达在执行上更快一步，实现了快速复制"订单商业地产"模式的能力。

商业项目引来"金凤凰"

2013年9月28日，万达集团的商业年会在北京国家会议中心四楼礼堂隆重举行。会议期间，万达向前来参会的新老朋友展示了已开业和未开业的一百余座万达广场和万达百货的实况。此次商业年会的重要亮点无疑是"万达广场品牌合作洽谈会"，当天的签约现场异常火爆，仅9月28日这一天，万达广场战略签约品牌合作商就超过120家，均是全国性的合作关系。

近年来，随着万达集团的迅速发展，那些已经进驻万达广场的品牌商也随之获益良多，他们深信万达能带来更多的发展机会。品牌商们对万达的盈利能力予以了高度肯定。

在这次会议上，除了前来寻求合作的老客户，还有很多新朋友，东方表行（中国）贸易有限公司就是其中的代表。这是一家代理世界近百种顶级钟表的知名企业，该公司代理的手表品牌都很高端，如劳力士、帝舵、伯爵等。随着万达广场的飞速发展，进驻万达的品牌商已经出现竞争现象。对此，一位万达集团相关负责人是这样说的："由于签约的项目太多，这次品牌合作洽谈会的签约环节进行了一定的筛选……"①

看到万达招商会的火爆状况，联想十多年前的万达，着实让人感慨万

---

① 王先知，张晓斌．万达广场签约火爆［N/OL］．华夏时报，2012-09-28. http://finance.qq.com/a/20120928/005936.htm.

分。那时候，万达开发了第一代产品"单体店"，项目的规模大约有5万平方米，一般位于城市的核心商圈的黄金地段上。项目的招商对象主要为超市、家电和影院等商家，作用是满足大众的基础商业需求。2002年至2006年，万达进一步开发了第二代产品。项目规模扩大到15万平方米，选址依旧是城市的核心商圈的黄金地段。第二代产品是第一代产品的升级，其以"商业组合体"的形态进行出售，扭转了第一代产品"商业生态链"失衡的局面。招商方面更加注重与大企业之间的合作，引进了更多的主力店和不同商业业态，利用它们的品牌影响力对大众形成了一种巨大的吸引力。这时的万达并不是什么家喻户晓的知名企业，其招商工作进行的难度很大，因而万达不得不借助核心商圈的地理位置、低租金、一些知名企业的品牌影响力等客观因素来提升自身的商业吸引力。相比今天万达招商的场景真是天壤之别。

目前，我国新一轮商业地产发展的高峰期即将来临，众多地产开发商对城市综合体的关注度持续增高。很多开发商在投资商业地产项目之前都会到各地的万达广场进行一番考察。考察之前，他们心中都带着同样的疑问：市场为何喜爱万达的综合体项目，商家、消费者、购房者为何对万达情有独钟呢？等到考察之后，他们心中的疑惑也自然而然地解开了。

第一，项目的规模效应能集聚人气。

万达集团董事长王健林说："万达第一代、第二代（单体商业中心）也失败过，当时主要做单体的商业中心，对商铺散售，无法统一经营、统一管理。万达吸取教训之后，现在只做万达广场这种城市综合体项目。这样便于后期统一管理，更容易形成规模效应和商业氛围。"①

规模直接影响运营能力。万达的城市综合体项目规模十分庞大，涉及酒店、购物中心、办公、住宅等多方领域，商业氛围十分浓厚，因而集聚人气。对于商业地产的运营者而言，人气是不容忽视的。一个商业项目在

---

① 顾彦平 . 商业地产迷局：地产商陷困局 黑石们抄底良机到来［N/OL］. 南都周刊
［2008–12–15］/. http://dg.leju.com/news/2012–12–28/164763122.shtml.

充满竞争的社会上能不能站得住，关键一点是看它能集聚多少人气。人气虽然是不可量化的，但每个企业心中都有一杆秤，试图称出它的分量。一般来说，一个企业有多少人气就会获得多大的回报。万达花重资打造如此大规模的城市综合体项目，无论是在规模上还是在商业氛围上都具有明显的优势。这是导致万达具有超强吸引力的主要原因。

第二，商业项目素质过硬。

万达作为商业地产的领导者，拥有其他企业所无法比拟的两大优势。一是高效的物业管理团队。万达拥有自己的商业管理公司，该公司是一家非常有实力的物管企业，管理范围覆盖所有的万达广场；二是一流的项目设计实力。万达商业规划研究院是一家专门研究城市综合体的学术性机构，多年来，它一直作为万达开疆辟土的坚实后盾，默默地研究设计每一个万达项目。

对于一个企业而言，不怕伯乐难遇，就怕自己不是千里马。当今社会很多企业负责人认为招商难，是因为运气不好，怀才不遇。其实，有这种想法的企业才是真正无药可救了。经营者应当从打造自身开始，从内部管理、科学技术引进、技能革新等方面培养自己，将自身打造成一匹真正的千里马。尽管可能会有无缘遇见伯乐的情况，但只要是一匹真正的千里马就肯定还有第二次，第三次……总有一次会遇见伯乐的。很多企业发展不顺利，往往是自身原因造成的。

第三，帮助合作者的同时就是帮助自己。

万达商业规划院负责人表示："我们会根据区域的发展前景与未来的商业规模，研究出一个适合双方发展的可行性方案，建议商家该如何做。这是我们之所以能够领跑城市综合体的一个原因……"①

除了项目自身的优势之外，万达还会为每一位合作伙伴提供一套切实可行的设计方案，帮助商家尽快地获得商业回报。很多入驻的商户都因此

---

① 房产周刊.刘淼：万达，责任重于泰山［EB/OL］.［2008-12-08］. http://news.sy.fang.com/2008-12-08/2270355.htm.

受益匪浅。在这点上,万达成功赢得了越来越多的品牌商的心。

企业的合作者往往是利益的相关者,帮助合作者的同时也就是在帮助自己。正所谓"授人玫瑰,手留余香",商业就是在这种互帮互助中发展起来的,交易过程本身就是一种彼此之间的帮助,一方帮助另一方满足需求,作为交换另一方回报给其所需的。

综上所述,万达的各个产品项目无不代表着当时国内地产开发的新方向,引领着国内地产一路向前发展。从商业地产到旅游地产,万达经过了三次项目策略的调整。如果说战略领先是万达的实力所在,那么,深远的文化则是万达的魅力所在。

没有坚持是不可能成功的

王健林多年来一再强调"坚持"是企业家的核心精神，王健林认为：坚持是一种信念，做任何事情，如果没有一种咬牙的精神，没有坚持到底的信念，是不可能成功的。的确如此，世界上的所有创新思想、所有企业家的梦想，只有通过"坚持"才能变成现实。

第一，梦想是坚持的原动力。

16岁的王健林入伍参军，16年的军旅生活造就了王健林坚强、勇敢、不服输的军人性格。如今已年过半百的王健林雄风依旧，一如既往地敢闯敢拼。他说："人生最难的是坚持。"王健林能有今天源于"坚持"，万达能有今天也源于"坚持"。这个话题王健林已经讲了十多年了，并用自己的亲身经历证明了："坚持"是企业家的核心精神，是实现梦想的唯一方法。

王健林是1988年开始创业的。创业之前，王健林的生活十分优越，二十几岁已身居高位，有着良好的仕途。然而，一切改变都源于那个时代。20世纪80年代末、90年代初期，正值"有一位老人在中国的南海边画了一个圈"，自此举国上下大兴"下海"的热潮。年轻气盛的王健林也受这种思想的影响做起了创业梦。

当时，王健林所选择的创业项目就是房地产。创业之初，王健林急需一笔注册资金。"正所谓一分钱难倒英雄汉"，期间王健林备受磨难和歧视。多年后，他这样描述自己不堪回首的经历："当初所经历的磨炼和被人的歧视，至今记忆犹新。一笔两千万元的贷款，而且是该银行已经承诺贷给我们的，却怎么也贷不下来款。当时公司的员工跑了无数次都徒劳无功，最后我自己亲自跑，同样吃了无数次的闭门羹。那时真的很佩服自己的坚持。当我知道他几点上班就到银行门前去堵，可能是他见我一直在门口于是就从别的门进去了；等到了中午去堵，我到他办公室门口去，他明明在里面秘书却说他不在里面；甚至知道他家住址后晚上就在家门口去等候他，一直到第二天早上，他从窗口看见我在楼下，宁可不上班也不出来见我。类似这样的，前前后后几十次也没有给我这个贷款。"最后，王健林找到了一位在国有企业里当老总的战友帮忙，从他的企业里借出50万元作为启动资金。刚解决了资金问题，很快又出现了新的难题——没有指标。于是王健林又找了那位战友，从他那借了一点指标。终于，王健林的房地产生涯开始了。[①]

俗语说"万事开头难"，任何企业在创业初期，都不会是一帆风顺的，总会遇到很多意想不到的困难。此时，如果创业者选择放弃，不愿继续坚持下去，那么等待他的就只有失败。接下来，他或者很快开始另一段崭新的创业之旅，此时如果他还是学不会坚持，那么这段旅程的终点依旧是失败。创业的过程可能很艰辛，其中的苦楚和无奈是别人无法体会到的，面对着这样一段难走的路，梦想永远是最好的原动力，只有有梦的人，才会选择追梦，选择坚持。

第二，责任是坚持的心理营养。

2002年之前，万达一直从事住宅地产开发项目，对于这个项目王健林并不十分看好，他总是觉得住宅地产不是长久之计。纵观世界各国，王健林发现没有任何一个国家的住宅地产业能昌盛三四十年，况且中国虽然地大物博，但却是人均土地资源最少的一个国家。王健林是一位非常有危机感

---

① 曾忆茗.王健林：军人的出身，神一般的存在［EB/OL］.［2013-07-04］.http://www.qianzhan.com/people/detail/268/130704-fd112d43.html.

的人，这个消息深深触动了他的心弦。那段时间，王健林茶饭不思，总是担心未来的日子怎么过。俗话说"在其位谋其政"，王健林身为万达的掌舵人，手下数千名员工日后的生计是王健林必须思考的一个问题。他曾用最朴实的言语表达了内心深处的情思："万达进行不下去，我本身倒是无所谓，可是我手下那些员工怎么办？那些因为信任我而放弃了原本很好的工作前来投奔我的老战友们怎么办？"这位表面看似冷酷无情、做起事来雷厉风行的硬汉在讲出这句话时竟显得那样地拖泥带水，拿不起也放不下了。

为了这些他放不下的兄弟们，王健林冥思苦想，如同一头疯狂的饿狮四处出击，不放过任何猎食的机会。用他的话说："那时的万达大小通吃，办过电梯制造厂、变电站制造厂，甚至还办过超市。"可就是这样，王健林还是觉得不够安全。他召集所有的员工和他一起思考，终于想到了一个收租物业的项目，那时万达内部制定了一个口号："向500强收租子！"足见当时大家是多么有雄心壮志。理想往往是美好的，现实往往是残酷的。项目刚开始，虽然各个场所都租了出去，可是租金根本收不上来。为此，王健林组织了七八个收租队，每天都浩浩荡荡地出门，丢盔卸甲般地归来。天天要账打官司，王健林简直快要崩溃了。他觉得这样下去不是办法，因为越是小规模的出租越不容易收到租金，只有租给世界500强些大企业才能保证租金的回收。说干就干，王健林卖掉了手里的电梯厂、变电厂、超市，将回笼资金全部投在了商业地产的开发中。自此，"商业地产"一词开始反反复复地出现在王健林的脑海中。

第三，目标是坚持的方向。

王健林说："任何成功都是不断完善的过程，只有坚持才能得到。"2000年到2004年，这三年对于刚刚涉足商业地产的王健林可以说是灾难重重。这三年，万达几乎面临倒闭的风险。当时的社会舆论也对万达十分不利。王健林除了要承受这些社会舆论，还要忙于应付各种官司，公司连正常运转的能力都没有，更别谈业务的发展壮大了。

面对着极具毁灭性的局面，王健林还是选择了坚持。也许，坚持已经是王健林的一种习惯了，一种与生俱来的习惯。否则面对着这么多、这么大的困难，他怎么会一如既往地选择坚持呢？究竟是什么样的力量让王健林在困难面前永远能坚定不移地屹立着？

答案就是对目标孜孜不倦地追求。王健林是一个目标性极强的人，他将万达的战略目标定位在了"世界第一"的位置上。为了这个目标，王健林练成了"金刚不坏"之身——面对任何困难都以一种无惧的意志力坚持战斗下去，直到战胜它为止。也许，这是王健林作为军人时培养出来的一种品质。

前进的道路有了方向，前进者才不会迷路。目标就是一个企业前进的方向，任何时候目标的确立对企业来讲都会起到很大的推动作用。有了目标的指引，奋斗才会有意义，坚持的过程才会充满甜蜜。

生命的意义不在于历尽磨难痛不欲生，凄凄惨惨地偃旗息鼓，而是在于尝遍人间百味之后仍义无反顾地坚持战胜磨难。这种百折不挠的坚持精神才是万达的灵魂所在。

第二章　用管理将自身优势发挥到极致

在资本横行、市场骤变的商业环境里，万达凭借高效的管控及执行能力，将产业链竞争和资源获取的优势发挥到极致，实现了良好的盈利，建立了卓越的品牌影响力。对此，王健林掷地有声："商业管理是万达最核心的竞争力。"

管理重于建设，重于投资

从第一代的单体建筑到第三代万达广场的落成，从一座简单的住宅楼到一个万达就是一座商业城，万达独创了一条商业地产的康庄大道。今天，它辉煌闪烁在华夏大地的各个角落：北京石景山万达广场位于石景山区，紧邻长安街沿线，建筑面积30万平方米；上海五角场万达广场地处上海市商业副中心，建筑面积40万平方米；宁波万达广场位于宁波新的商业中心，建筑面积60万平方米；无锡万达广场位于无锡市滨湖区，建筑面积70万平方米；石家庄万达广场紧邻石家庄市电视台，建筑面积160万平方米……多少年来，万达历经风风雨雨，终于在中国商业地产行业奠定了龙头地位，凭借着雄厚的实力一跃成为中国商业地产的标杆企业。能够取得今天的成绩，并支撑万达生生不息、继往开来的关键是其出色的商业管理战略。①

万达的商业管理包括很多方面，比如运营管理、业态运营与工程开发管理、媒介企划与文化营销管理、公司内部的财务、行政管理等。它们之间相互关联、密不可分，是一个不可分割的管理系统，无处不在，无时不在，并在不同阶段扮演着不同的角色。万达的很多项目在设计之初，商业管理就开始介入其中。凭借这种独特的管控技术，万达的项目在设计之初

---

① 王健林．王健林：商业管理是万达核心竞争力［EB/OL］．［2012–09–27］．http://finance.sina.com.cn/hy/20120927/142013258858.shtml.

就考虑到日后的整体运营和管理，因此很有前瞻性。比如某酒吧经营区的设计，考虑到怎样吸引顾客的眼球，故而有意识地扩大沿街的通透性，将原定的实墙设计改为通透的落地窗设计，进而吸引了很多商户，店面租金也得到了很大提升；再如针对现在城市停车位拥挤，万达项目在设计之初就提出了很多关于停车位设置、交通指挥、人车分流等相关的管理建议，直接服务于后期的运营管理，灵活性大大增强。

　　在万达，类似这样的事例数不胜数，正是这些默默无闻的"商业管理"成就了今天的万达帝国。对此，王健林说："万达的核心竞争力是在商业地产。商业地产的开发运营具有独特之处，尤其是运营管理更是要求有高水平的能力。一座万达广场可以在万达已有的标准模式下开发出来。但是，每一座万达广场的成功更要取决于招商运营的成功。尽心尽力地为每个商户利益着想，这是万达商业管理的核心理念。"在万达，管理重于建设、重于投资。

　　其实，商业管理一直是中国企业的软肋，很多国内外媒体评价中国企业在管理方面重于进攻，疏于防范，表现为把主要精力放在扩大规模上，而很少在内部管控、精细化管理方面下功夫。这种本末倒置的行为才是制约中国企业持续快速发展的关键因素。一个企业想要发展壮大，没有一套适合自身的管理体制，最终会导致尾大不掉的悲剧。1993年，欧洲迪士尼就因为管理不善的原因而损失了9.6亿美元，致使公司一度消沉很久；美国大都会人寿保险公司因内部管理不善，付出了近20亿美元的惨痛代价；毕雷企业因质量方面的管理不善，造成退市近五个月等。类似因企业管理失误造成的严重后果的例子数不胜数。很多时候，公司的管理一旦引发出不良后果，往往会使发展倒退数年，乃至亏损倒闭。由此可见，对于企业而言，管理重于建设、重于投资，在管理上下功夫才是经营者的明智之举。对此，王健林掷地有声："商业管理是公司最核心的竞争力。"①

　　①　新浪财经.王健林：商业管理是万达核心竞争力［EB/OL］.［2012-09-27］.http://finance.sina.com.cn/hy/20120927/142013258858.shtml.

任何时候，管理都是企业的根基。多年以后企业能否发展壮大，关键在于这个根基稳不稳。为此，经营者必须抓好两方面的管理。

第一，目标管理。

对于所有企业而言，目标管理指引着产业投资、市场营销的方向。企业的未来如何取决于战略目标的设计与管理。人们常说："心有多大，舞台就有多大。"显然，目标的定位在哪儿，未来的发展空间就在哪儿。没有目标规划和管理，企业就像走在黑夜中的行人，找不到方向，看不见路，只能四处探索，四处碰壁，最终还是原地转圈。因此，经营者首先应为企业做好目标设计，引导大家为了这个共同的愿景去努力、奋斗。

王健林将万达的发展目标定位于"百年万达，国际万达"。多年来，无论市场怎样风云变幻，万达始终保持了良好的发展势头，并屡屡突破自我，引领着行业发展趋势。这种后劲十足的表现，就是目标管理作用的结果。回首万达的发展史，不难看出它不同时期都有明确的目标设计。王健林在目标管理上的策略是：将大目标分化为不同阶段的小目标，这样执行就更有针对性，并由此获得了源源不断的成长动力。可以说，有了目标管理，企业就有了发展的灵活性，就有了把事业做大做久的可能性。

第二，细节管理。

目标往往是宏大的，实现目标的过程需要从细节入手去落实。因此，细节管理是目标管理的延续，具体来说是指在实现目标管理的过程中所需的各种制度、规章等。有了这些细化的管理举措，企业就能正常运转，各项工作可以顺利推进，宏大的目标才能落地。今天，许多企业不缺乏长大的梦想和目标，缺失的是细节管理上的精准、到位。

日常发展中，企业遇到的各种危机往往出在细节管控上，因为执行不到位、检查不严格、技术不过关等导致产品缺乏竞争力、管理粗放，这样的情形太普遍了。万达之所以在商业地产上技高一筹，能够始终走在时代前列，关键在于其细节管控方面具备的深厚功夫。万达在细节管理上的巨大投入、恒久坚持都是其他企业无法想象的，由此才能占据市场制高点，引领行业发展大方向。

　　一位国际知名的观察人士曾说过："在全球范围内管理千亿级公司的方法大约有三种：一是跨国公司的管理模式；二是中国共产党的管理模式；三是中国传统的帝国管理模式。"① 对于中国民营企业目前的状况而言，企业管理的关键在于由零散的游击企业的管理模式向正规的大规模企业的管理模式过渡。只有配套一套正规严谨的管理模式，企业才能后继有力地持续发展，抵抗住迎面而来的各种来自国内、国际企业的竞争风暴。

————————

　　① 金错刀.马云的管理经［N/OL］.沃华传媒网［2007-12-27］. http://tech.hexun. com/2007-12-27/102520648.html.

只要事先做好管控，没有完成不了的目标

作为国内知名企业和商业地产界的标杆，万达的执行力是有目共睹的，不仅得到了业内专业人士的认同，甚至连普通百姓也竖起大拇指。特别近几年来，万达的项目就像雨后春笋一般，迅速出现于全国各地的一线、二线城市。这样一个具有传奇色彩的万达，它的管控模式究竟是怎样建立的呢？

揭开万达的神秘面纱，首先要谈谈它与沃尔玛的因缘际会。今天的万达与沃尔玛可以说是一对形影不离的孪生兄弟：哪里有万达，哪里就能见到沃尔玛的身影。早在2001年，万达的第一个商业地产项目长春万达广场建成之际，双方就开始结缘。然而当时沃尔玛并不十分看好万达，因而合作之初提出了近乎苛刻的合作要求。就是在这种极度不信任的基础上，这对命中注定的兄弟开始携手并进。

在王健林看来，沃尔玛绝不只是一个商业上的合作伙伴。对此，万达集团副总裁尹海在谈及万达的管控模式时，曾直言不讳地说："董事长对于总部控制的理解最早来自沃尔玛等连锁企业。[①] 它们是万达最早的商业启蒙老师。"尹海的这段话实实在在道出了沃尔玛对万达的深远影响与战

---

① 岳淼.万达的金融游戏：繁荣背后的隐忧是什么［EB/OL］.［2011-12-20］. http://finance.qq.com/a/20111220/005122.html.

略意义。

可以说，万达高效的管控模式雏形就是来自于沃尔玛。自万达与沃尔玛结缘开始，王健林便着眼于沃尔玛的先进管理经验，并睿智地看到了沃尔玛的管控模式之高效和科学，并确定其同样适合于万达。随后，军人出身的王健林迅速带领着万达的管控高层开始效仿沃尔玛的管控模式。这种敢当学生的心态、高效的行动力及敏锐的洞察力，造就了今天万达的高效执行能力。

万达在建立自身管控模式时，充分吸收了沃尔玛管控模式的三大特色：

第一，"中央集权"的管理体制。王健林经过分析发现：沃尔玛的总店与分店的职权划分非常明确，其扩展速度非常快，全国很多城市都能见到它的身影。沃尔玛专门研发并实行了中央集权的管理体制。事实证明，这种管理体制非常成功。

第二，"倒金字塔"式管理体制。与此同时，万达的管控模式还充分吸收了沃尔玛的"倒金字塔"式管理体制。沃尔玛采用了自上而下"倒金字塔"式管理体制，"金字塔"上端为总公司，拥有除执行外的一切权力，是整个管理模式的中枢部位；下端为地方，是一切计划的直接执行者。这种模式的最下端虽然权限弱了许多，却依旧起着至关重要的作用。沃尔玛的一切计划若想变成现实，完全依托着这所谓的最下端。这种管理模式充分体现了组织成员"各尽其能"的作用，明确规划了不同阶层的不同任务及对应的管理工作，以便更好地"各尽其能"。

第三，高效的信息管理体制。沃尔玛的管理很大程度上依赖于信息化，从而提升了效率，也增强了效益。在万达，这种信息管理体制成为一种需要，不可或缺。

结合以上三点，万达确定了具有自身特色的管控模式，并提出了两个原则：一是管控模式一定要基于全产业链视角构建；二是管控模式一定要基于订单式原则构建。在此基础上，万达确立了管控模式的选择思路和执行点。

　　首先在战略上，万达将自身定位于"中国最大的不动产发展商"。有了这个大方向，万达的管控模式就有了明确的目标。无论是人员管理还是工程项目管理，万达管控模式的出发点都围绕着战略目标行动。做事情有了明确的目标，往往距离成功就很近了。

　　业务范围上，万达选择了"订单式地产"模式，这种模式来源于早期的实践总结——万达用自身的实际经历总结出了最适合自身发展的业务范围。王健林与万达人经过认真分析、反复实践，最终选择了"订单式地产"模式，他们深信这种业务范围能带领万达发展得更好，明智的万达人在做事前就已经为自己量身策划了经营模式。

　　在关键因素上，万达确定了四大关键点：联合协议技术对接先租后建批量谈判，从而解决了在项目建设前的资金周转，合理规避后期的投资风险。万达并不是一味盲干，而是深刻地认识到了现实中商业地产业的各种优势和弊端，做到了最大限度地发挥商业地产的现有优势和潜在优势，同时也合理规避了一些潜在的风险。

　　在核心职能上，万达明确了十大核心职能：战略管理，投融资管理，财务管理，HR管理，招商管理，工程设计，规划设计，销售管理，运营管理，信息管理。在管理上，本着"中央集权，分级管理"的模式，同时在组织框架上，全方位借鉴沃尔玛的"倒金字塔"组织结构模型。在两大基本原则的指导下，在总的战略思路的指导下，万达形成了具有自身特色的集团管控模式。既学习沃尔玛的管控模式，又结合自身实践，万达的商业智慧之高超由此可见一斑。

　　数年来，万达创造了一个又一个奇迹，一个又一个"不可能"，它像一个神奇的独行侠，"呼"地一下就出现在了国人的视野里，几乎所有人都问出了一个问题："万达是怎么做到同时兼顾数十个项目开发与运营的？"这种高效率是国人乃至世界都无法想象的。对此，王健林及万达人用他们惯有的冷静予以了回答："没有完成不了的目标，只要事前做好一切管控，便能高瞻远瞩，接下来便能垂手而治。"可见，建立起高效的企业管理模式对企业未来的发展和细节上的防微杜渐是多么重要。一些企业家总是抱怨管理工作太累、太辛苦，其实在他们抱怨的同时，如果能回头审视一下自己的管理模式，也许就能及时摆脱这种又累又辛苦的经营误区了。

值得注意的是，企业管理者想要建立一套高效的管理模式就必须注重细节管理的设计。如果把握不好细节，不能在精细化管理上有所建树，就无法在企业管理这个命题上有所突破。

总之，建立高效的管控模式是企业谋求发展的关键，对企业未来的成长会起到事半功倍的效果。缺少这个环节，企业就会像无人修剪的树苗，无论脚下的土壤多么肥沃、身边的溪水多么清澈、头上的阳光多么明媚，终究长不成参天大树。

年初有计划，年底有总结

"明日复明日，明日何其多。我生待明日，万事成蹉跎。"生命总是有限的，人生的意义在于尽最大可能创造更多财富、抓住更多幸福。实现这一目标有赖于提高效率，这相当于延长生命的时限。

今天社会上流行"加班文化"，很多企业管理者非常看重"艰苦"，认为企业想要快速发展就必须艰苦工作，所以才使"加班文化"大行其道。其实这是一个误区，企业的快速发展需要提高效率，与员工加班没有太直接的联系。特别是针对已经有一定规模的大企业，"加班文化"是典型的有病乱投医。①

很多企业在创立之初都会强调"加班文化"。原因是组织运行、业务拓展都没打开局面，管理者对市场和各项管理工作都十分陌生，因此唯有比别人多付出才能摸清道路，看清方向。所以，许多管理者认为：不加班怎么行？然而，随着企业逐渐步入正轨、规模逐渐扩大，领导者必须坚决摒弃这种低效率的"加班文化"，取而代之的应是"高效能文化"。因为任何一家有潜质的企业绝不是靠加班加出来的，而是靠高效率做事获得成功的。对此，军人出身的王健林深有体会。①

万达崛起是典型的"高效率"代表。自2001年至今，它一直以惊人的

---

① 万达官网．王健林亲授万达学院第一课［EB/OL］.［2013-07-26］. http://www.wanda.cn/2013/chairman_0726/44.html.

"万达速度"向前飞跃，其执行力是世界公认的。万达拥有如此高效的发展速度，除了自身相关制度的严格控制，还有一个重要原因，那便是王健林强烈要求全体万达人必须做到一点："年初有计划，年底有总结。"

纵观万达的年度总结大会，不难发现，会议主要由年初计划和年末总结两部分构成，它们一起成为塑造"万达速度"的重要"功臣"。

首先，"年初有计划"，这是万达在即将到来的新一年中的直接目标。这个目标是万达集团整体大目标的一个小分段目标。王健林非常善于利用目标的力量来提高工作效率，将大目标分化成无数个小目标，可以给人生动形象的认知，并且让执行变得不再那么遥远。利用年度小目标带动公司工作效率的提升，是王健林在企业管理中的一大绝招。一年一度的企业年度计划能将公司未来一年的发展目标量化，员工就有了方向感，也搞清楚了日常工作的任务是什么。多年来，"万达速度"就是由这一个一个的"小任务"滚雪球一般驱动起来的。任务的下达就意味必须彻底执行、必须完成，因此万达的整个团队都充满活力。

其次，"年末有总结"，这是万达的自省程序。一个企业只有不断反省自己的失误、汲取教训，才会在自我完善中不断进步，否则就会像一辆破旧不堪的老爷车，轻则经常抛锚，出现各种各样的失误；重则全部瘫痪，被社会淘汰掉了。在竞争日益激烈的商场环境中，很多企业只知一味追求发展，加足马力地向前全力奔跑，却不注重总结经验教训，很容易失去方向感。企业的发展之道在于不断适应市场，只有持续进行检查、思索、改进，才能确保稳健成长。在这个过程中，如果没有定期的总结和反省，企业就无法在改进中实现跨越式发展，也不能及时根据市场变化进行战略调整。因而，"年末总结"是企业少走弯路的最好方法。

无论是人的成长还是企业的发展，都要在试错中完成，经历坎坷、磨难，最终迎来辉煌的胜利。期间，从失败到成功的过程需要反省，痛定思痛之后找到正确的方向和方法。企业可以有失误，但是一定要及时总结，只有这样才能快速摸索出正确的道路。阿里巴巴创始人马云说过这样一段话："我们也有很多失误，但我们不会告诉别人我们所犯下的错误。我过

几年会写一本书，书中会全面讲述我们所犯下的7007个错误……"马云说出这番话时终于露出了自己的心迹，让人看到了他真实的一面。如马云所说，7007个错误只是阿里巴巴所犯的众多错误中的代表而已。面对着这些大大小小的错误，马云表现得十分珍惜，而背后的逻辑是：前车之鉴，后车之师！

"年初有计划，年末有总结"不应是王健林特有的本事，而应成为中国所有企业共同追求的经营管理大法。那么，在日常管理中，领导人带领下属做好计划性与总结性的工作需要把握哪些要点呢？

第一，计划性。提前制定计划是企业管理工作中的重点。有了计划，管理者就有了明确的方向感，从而可以指导部下做好该做的事，实现企业有序运行。

有计划才能更好地管理。没有任何一家企业能够没有计划性地盲目发展。计划为企业管理提供了可供参考的依据，是管理者采取行动的参考标准。企业管理者常常需要根据计划统筹安排，确定各个部门的任务和履行任务的时间，从而保证按时按量地完成计划。

第二，总结性。总结是企业对一段时间以来的工作分析和研究，意在肯定成绩，寻找问题，总结经验。总结工作同样是企业管理中不可缺失的一部分。通过总结，企业可以得出系统的、理性的经验和教训，从而为企业的日后发展扫清障碍。

总结工作一般分为两部分：首先是总结一段时间以来企业的成绩和过失，其次是分析这些成功和失败的原因，并从中总结出宝贵的经验教训。经过总结之后，企业能很清醒地认识自身，不会过高和过低地估计自己，从而面对市场竞争时能合理地扬长避短。

相比于其他企业死板的管理制度而言，王健林总是能利用一些非常实用而又接近现实生活的手段实现企业目标。"年初有计划，年末有总结"，这样一个习惯性的工作环节竟蕴藏着如此深奥的管理智慧，可见万达迅速崛起绝非简简单单一句"运气好"所能替代。严谨、高效、充满智慧的企业管理模式才是万达取得成功的真正法宝。

要搞"能用"的制度

企业管理的成败在于人，万达之所以具备强大的执行能力，离不开王健林的运筹。王健林务实，因而要求万达也要务实。

众所周知，任何一个企业都有相应的规章制度，万达也不例外。不同的是，万达的制度从来不是摆设，而是实实在在"能用"的制度。更多时候，外界喜欢称万达的制度为"军规"，这些"军规式的制度"构成了万达文化中的一道亮丽的风景线。万达把企业制度放在了战略高度予以重视，数年下来积攒了全面、科学的制度样板。现在，万达每两年修订一次制度，并且要求各个部门都要参加，一般历时三个月左右。王健林特别强调，每次重新修订的制度在字数上不能增加，同时还要把该说的事情表述清楚。因而，万达的制度全都是有用的话，绝对没有空话和套话。

很多去过万达停车场的人都会有耳目一新的感觉。为什么呢？因为他们都感觉万达的地下停车场特别宽敞，让人感觉到视野开阔、心旷神怡。原来，万达的停车场高度为4.8米，而一般停车场的高度为3.6米。万达在规划设计停车场时，考虑到若干年以后车位供不应求时需要进一步扩充，4.8米的空间完全能够安排机动停车位。这个设计令万达品尝到了甜头。随着人们生活水平的不断提高，私家车已经非常普遍了，很多城市都出现了停车难的现象，万达的地下车位也出现了供不应求的局面。于是，4.8米的空间发挥了能量——两个车位瞬间变成三个、四个乃至五个车位。

在其他环节的制度设计上，万达也秉承这样的理念，坚持实用为第一原则。万达要求员工老老实实做人，坚决杜绝溜须拍马、贿赂上司等投机取巧的不良行为。王健林曾直言："在万达生存，勤奋务实是第一要素。"万达没有任何一条制度是支持不正之风的，相反对此有着明确的规定，赏罚分明，严格按照规章制度办事，不徇私情，不讲人情，一切制度都本着"能用"的方向制定。

在产品质量环节上，王健林强调："只有全优，没有及格。"这句话就像铁一般的纪律，深深地印在了万达人的心中。早在1991年，万达开发的近五万平方米的街组楼就全部被评为市优工程。1992年初夏，当首届"全国质量万里行"委员会一干人马带着在全国各地打击假冒伪劣产品的辉煌战绩进驻大连时，几乎所有商家都怀着几分忐忑。大连的有关部门经过仔细斟酌，向委员会推荐了万达，并有策略地指点万达不要担心，认真做些准备。然而，朴实的万达人竟有些犯难了，犯难的并不在于如何应对委员会的检查和审核，而是不知道该担心些什么——项目是实实在在拿下来的，楼盘是认认真真开发完成的，企业是踏踏实实管理起来的，这里有良心、有责任、有万达人的坦荡胸怀。万达的制度从来不是美丽的装潢，而是实实在在"能用"的制度。

"能用"的制度制定之后，在执行过程中万达也下足了功夫。王健林很清楚，再好的制度如果不能落实到位，就无法发挥其效力，是一种严重的资源浪费。那么，万达人是怎样做好制度执行的呢？

首先是考核量化。王健林要求万达人做到一切结果量化，而非凭个人感觉和印象。事实上，公司在经营上做到量化并不难。以人力资源部门为例，怎样做到考核量化呢？各个部门的用人需要、用人安排、人员调动等信息梳理出来之后，考察人力资源部门用了多长时间将所需的人才安排好，严格按照量化标准进行。再比如，宣传部门采用量化的考核标准，看看安排了多少次文化活动，等等。只有如此，万达的"能用"制度才不会变成一纸空文。

其次，发挥榜样的力量。榜样的力量是无穷的，必须予以重视。王健林坚持从自身做起，严格遵守公司的各项制度。对此，他这样评价自己："我是公司创始人员，而且是公司绝对控股的大股东，可以说是公司的领袖，我也依然坚持：我要求员工做到，我自己首先做到。我每天7点多到公司，可以说是最勤奋的企业家。招投标我从来不去干涉，在公司里面我也没有任何自己的亲戚，而且对我自己的亲属也严格要求。我从开始就要建立现代企业制度，让大家觉得没有干扰。所以到现在为止，在公司里我也敢说一句话：向我看齐。作为民营企业家，这样做是很不容易的。"①

再次，执行过程中要奖罚严明。制度定了，关键看敢不敢较真。例如，万达旗下的一些影城没能完成年初制定的计划，按照制度的要求，年底时职工们不会得到一分钱奖金。辛辛苦苦干了一年，到了年底竟然因为年初时目标定得太高导致一分钱的奖金都没有，想想也有些不合情理。但在万达就是这样，没有任何情面可讲，一就是一，二就是二。

最后，强化组织内部监督力度。万达有独立的审计部，它在很大程度上决定着员工的命运。一般审计部门都会给出三种结果：一是建议，没有任何处罚，只是单纯地提出建议；二是处罚，根据你的行为予以相应的处罚，非常明确；最后是开除，没有任何商量的余地。

很多人都说万达像军队一样，令行禁止。正因如此，万达才强大起来。对此，这些"能用"制度自然是功不可没。那么，从万达的经验可以得出哪些有益的启示呢？管理者在制定企业制度的时候，应该把握好哪些关键要素呢？概括起来，有如下几点：

第一，严禁推诿的词汇。

很多时候，由于中国的传统习惯的影响，企业的管理制度总是喜欢使用一些推诿的、模棱两可的词汇，目的是给自己留有一定的空间和余地。这便导致日后责任不明确，各个部分互相推诿，造成企业效率低下。

---

① 九个头条.王健林揭秘万达执行力：离开我就不好说［EB/OL］.［2013-12-23］.
http://business.sohu.com/20131223/n392261193.shtml.

因此，企业的各种制度应严禁使用容易引起歧义的词汇。须知，制度是威严，没有商量和缓和的余地。如此一来，才会有"铁纪"之效，制度才不会成为摆设。

第二，语义明确。

企业制定制度时所表达的语义要清晰、明确，减少不必要的语言漏洞。制度表达的意思简介明了，任何人都能看懂、理解，这样才有利于宣传、执行，提高制度的实用性。如果企业的制度表述不清、语义不明，员工看了之后都不明白说的是什么意思，何谈执行公司制度呢？因而，企业制定制度时应本着"员工能看明白"这一基本原则来组织语言。因为，制度不是装饰品，没有装饰的作用，只要实用就好。

第三，一定要严把执行关。

再完美的制度，如果没有执行环节也是一纸空谈，没有任何价值。因而，企业要搞能用的制度必须严把执行关，严格按照规章制度行事，发挥出企业制度的真正作用。通过执行的效果可以反思制度设计是否存在漏洞，并可以进行相应的改进。

上述三点，万达集团已经成功地做出了表率。

把握信息化，跟上时代步伐

当今社会是一个信息化集成的时代，互联网改变了世界。万达的信息化是随着时代的进程而发展的，也带有这个时代企业信息化的普遍特征。

很早业界就有"南有万科，北有万达"之说。然而，这样一家重量级企业在2005年以前，竟是地地道道的"文盲"。信息时代已经到来，万达如果落后于时代的步伐，必然会成为市场经济的牺牲品。对此，王健林心急如焚，他立志要将万达彻底换血。随后，万达投入上千万元打造出了名副其实的数字化房地产企业。由此，万达集团的信息时代序幕拉开了。

其实，之前万达集团在信息化方面存在短板不足为奇，原因主要归结于社会的大背景。当时，国内的房地产老总们对信息化都不以为然，因为在地产这个行业里拼的并不是谁的信息化更强，而是谁有能力得到稀缺的土地使用权。换句话说，当时的地产商们情愿拿出几千万元的资金来投资一块土地，也不愿拿出区区几百万甚至几万元来投资信息化。

但是万达不一样，作为一家规模庞大、实力雄厚的地产企业，它的项目遍布祖国的大江南北，就像一只庞大的深海鱿鱼，它的触角分散得七零八落。很多时候，由于信息不能得到及时反馈，万达错失了许多良机，由此带来的商业利益受损也令人瞠目。对此，王健林及时补救，高薪聘请各种相关的人才。

由此，梁严开始登上万达的舞台。经过一段时间的研究和分析，他

王健林
山登绝顶我为峰

发现万达在信息时效性、准确性、完整性等环节非常薄弱，由于缺乏统一的规划，系统与系统之间出现了相互隔离，形成了人们通常所说的"信息孤岛"。甚至有些部门依仗着"天高皇帝远"的地理优势，擅自先斩后奏，隐瞒事实真相，人为控制招投标结果。对此，总公司也无能为力，只能听之任之。如此一来，公司里迅速出现了各种各样的问题，让王健林焦头烂额。①

终于，在2006年5月9日，万达迎来了历史性的一刻。这一天，王健林紧握着用友集团董事长王文京的双手，双方签署了合作协议，标志着万达集团信息化时代的真正来临。

对于万达这样的企业而言，信息化建设不是一项小工程。究竟该用谁来主持这样一项既专业又烦琐的工程建设呢？王健林辗转反侧数夜，终于想到了一个人，他就是梁严。王健林之所以做出这个选择，最重要的原因就在于梁严深知万达的症结所在。果然，梁严成了跟踪这项工作最合适的人选。

梁严临危受命以后，万达便迅速投入到了信息化建设的浪潮之中，勤劳的万达人在他的带领下纷纷摩拳擦掌，蓄势待发。首先，梁严强调万达的信息化建设一定要符合当下的管控模式，在"倒金字塔"的管控模式下，万达集团继续向沃尔玛学习，着力进行了针对自身的组织系统信息化的建设。通过信息网络，万达在庞大的集团内部形成了信息化的沟通，形成了成千上万个信息节点。每个节点的源头都在"倒金字塔"的塔尖上。①

那时的万达正进行着内部结构的调整，很多部门都被压缩了，甚至被合并，唯独只增加了一个部门，那就是信息工程部，由梁严担任部长，统领整个万达集团的信息化建设工作。在成立信息部的当天，梁严就在自己的办公室里写下了十四个大字："建造一流系统，沟通交流，和谐统一。"用来激励自己。

王健林则是从企业发展的角度来看待万达的信息化工作。他表示："万

---

① 张燕.万达之道［M］.兰州：甘肃教育出版社，2013.

达企业有了一段历史，规模到了一定程度，就需要制度的建设。有了制度之后就要研究企业文化。有了这两样之后，发现缺乏现代高科技的管理手段，使得管理更科学、更有效、更快速。所以万达提出了信息化的要求。"王健林认为，凡是提出信息化管理需求的企业都是行业内比较优秀的企业，万达也是发展到一定阶段才意识到管理需要提升，而管理的提升除了自身的努力之外，更大程度上需要依靠信息化。万达提出信息化需求的时候，发现行业内没有现成的软件可用，说明行业还没有发展到这个阶段，但并不意味着会永远如此，用不了多久，更多的优秀企业都会意识到信息化管理的重要性。如果万达不尽快地进行改革研发，恐怕对以后的发展会产生不良的影响，因而才痛下决心进行信息化建设。

企业信息化管理是现代社会企业发展的主导趋势，是企业管理与信息技术的有效结合，更确切地说是信息技术的全面大渗透。随着现代科技的迅猛发展，企业的竞争手段也发生了本质性的改变，未来企业想要立于不败之地，必须进行信息化的全面改革。其主要表现在以下几个方面：

第一，有利于提升组织效率。

传统的企业组织结构分为多个不同等级，每个等级又分成了不同的部门机构，组织庞大、臃肿，且部门之间缺乏沟通，甚至很多企业不同部门之间的员工都不认识。除此之外，由于员工的素质不同、沟通不到位等因素，容易造成信息在传递过程中失真，企业的工作效率可想而知。

现代信息化管理机构通过层级设计，有利于组织良性运行，提高办事效率。概括起来，主要分为三个层次：首先是高层信息管理层，主要负责企业内部重要信息管理工作，并及时将重要信息反馈给企业的决策层；其次是中层信息管理层，主要负责企业内部信息的收集、处理工作，是实实在在处理企业日常事务的组织机构；再次是基层信息管理层，主要是基层信息的收集和处理机构。这种简单明了的组织结构不仅能保持信息的及时性，还能极大地促进信息的处理速度，从而提高企业日常运营效率。

第二，优化企业资源。

推动企业信息化管理，可以极大优化内部的人力资源、财力资源、技

术资源。这样可以极大地提升组织的效率，从而可以减少不必要的返工程序，节省了企业资源。此外，企业实现信息化之后，随着内部合作进一步加深，以及对外沟通的增强，更能在把握市场动态方面游刃有余，提高了企业的快速反应能力和市场抗击力。

第三，降低运营成本。

传统的企业管理模式十分浪费人力、物力资源。随着人们生活水平的不断提高，人力资源的成本不断攀升，很多企业都面临着人力资源的严重浪费。企业信息化实施之后，人力资源得到了充分的利用，以前一个团队才能完成的工作，现在可能只需要一个人便能完成。

信息化的巨大差距酝酿着无穷的财富。事实上，企业存在的各种不足之处正是成长的助力。永远没有不过时的企业，为了跟上时代发展的步伐，经营者必须主动适应未来的竞争趋势，把握住信息化这个命门，为国际化竞争做好准备。

瞄准未来，选址要有预见性

选址对商业地产发挥着决定性作用。万达的核心业务是做商业地产，选址工作对其自身项目的重要性不言而喻，它关系到每一个项目开发的生死存亡。因而，选址环节成了万达工作的重中之重，容不得半点疏忽和闪失。

目前，国内地产的发展形势一片大好，无论是一线城市还是有潜力的二三线城市，土地都成了开发商眼中的必争之宝，竞争之激烈难以想象。更多时候，对开发商而言，即使资金雄厚，想要获得一块发展前景好的土地使用权依旧是难上加难。如何低成本拿地着实令开发商们伤透脑筋，为此他们拼尽全力、四处奔走、多处求人，所付出的的心血和财力都是常人难以理解的。

万达集团身处这样一个大环境下，同样也面临着这个问题。董事长王健林身上有一股傲气，不喜欢求人。对此，他在很多公开场合都提到过："万达的所有项目都是应当地政府的邀请而建成的，万达决不接受任何带有附加条件的投资。"在这样一个土地紧俏的年代里，万达是怎样做到这一点的呢？王健林又凭什么敢有这样的傲气？

其实，仔细分析王健林这个人之后，答案便清晰了。王健林一直提倡"要走不一样的路"，并将这种"异样"的情怀注入到了万达的灵魂中。

二十几年下来，万达也的确处处表现出创新的经营特色。同样在如何做好选址这项工作上，万达还是走出了与其他房地产企业不一样的路：把握当下，瞄准未来，选址要有远见。

当很多人将目光都投在城市中心的土地上时，万达却另辟蹊径，将目光投在了城市的副中心和新开发区中心。对此，王健林强调："选址贵在有长远的规划眼光。"

万达的城市综合体属于综合性的物业，对消费人群、交通状况及建筑面积都有着严格的要求。然而，城市中心的位置往往是非常成熟的地带，不可能满足万达的建筑面积上的要求。只有那些连接城市与郊区的新开发的地带才能满足万达第三代城市综合体的选址要求。因为，每个城市的副中心都是这个城市的经济新增长点，居住人群均以年轻人为主，消费理念较市中心居住的中老年人群超前很多。同时，新开发的地带在建筑面积上也能得到极大的满足。目前，万达新开发的第三代产品的建筑面积均在50万到100万平方米，甚至是150万到190万平方米，而且挑选的空间还很大，比以前更加注重项目的位置、交通体系、辐射人口、项目规模等核心指标。

由于综合体不同于传统的百货店，万达不会选择在城市的核心地带建设，如此一来便节约了大量的资金，同时，新地段的升值空间也非常大，而且还能获得很多政府的政策优惠。因而万达的投资率非常高，选址非常具有长远眼光。

很多时候，万达在商场上的表现就像一只非常灵活的猴子，从来不会只吊在一棵树上，而是游走于整个森林中，以此给自己凭空增添了很多生存的空间与机会。

近年来，快速发展中的城市中心地块供应比较紧张，地价高得离谱，让很多开发商望而却步。而万达的过人之处就在于能灵活地化解土地供应紧张与拿地成本过高的矛盾，走出了一条更具远见的光明大道。

现在万达的选址要求，已经转移到了城市的副中心或是新区的中心地块上来了。此举尽显了万达在选址方面独具慧眼，有着长久规划的眼光。

万达选址的成功，不仅仅解决了自身的发展瓶颈，同时还满足了合作伙伴的需要。由于万达第三代产品的成功，使其对自身项目带动区域市场的发展充满了信心。其模式类似于华润、沃尔玛、中粮等大型综合体的模式。

远离商业的热土，寻找新的"聚宝盆"，万达集团在选址上的灵活调整，显示了万达人的有远见的规划眼光。在这一过程中，很多人不禁要问："王健林哪来那么大的勇气，将选址工作调整出城市的核心商圈呢？"其实，仔细分析万达的项目规划不难发现，王健林做出如此大胆调整的主要依据还是顺应中国宏观调控的整体趋势。经济学中常常提到"看得见的手"，指的就是政府的宏观调控职能。企业作为社会经济的重要组成部分，服从政府的宏观管理才能得天独厚，稳享财富。那么，一般情况下政府是通过哪些手段进行宏观调控的呢？经营者如何据此进行投资决策呢？

第一，通过出台相关政策做引导。

经济的发展具有一定目的性，当国内的经济发展偏离轨道时，政府会出台一系列相关政策，进行宏观上的调控指导，从而维护国家经济的健康持续发展。例如近年来人人关心的热点话题——房地产，针对于房价一路飙升的局面，国家于2006年出台了"国六条"政策，这是国家通过特定行业政策实施经济的宏观调控的典型事例。

第二，通过国家税收进行控制。

国家对于需要鼓励和提倡的经济产业在税收上予以照顾，或是减税，或是免税；对于不提倡的经济产业则征收重税，例如烟酒业。吸烟有害健康，这是众所周知的常识，因此烟酒行业不被国家提倡。但是基于某种原因，烟酒业是国家的支柱产业，又不能直接取缔，因此才用征收重税的手段予以控制，从而维护社会的和谐发展。

第三，通过国家法律进行控制。

对于国家严禁涉足的经济产业，国家会出台相应的法律直接予以禁止。这点充分体现了国家的宏观调控手段具有一定的强制性。

综上所述，国家的宏观调控完全可以决定经济的发展。因而，对企业而言，只有顺应国家对经济的宏观管理才能顺利地发展壮大。现代社会是一个经济高速发展的社会，很多难以预测的因素时时刻刻都有可能出现，作为企业，无论规模大小都无法独居避世，偏安一隅，唯有顺应经济的大形势才能拥有发展的机会。万达在选址工作上做出相应的调整便是顺应城市发展大趋势的缘故。

每一个项目都必须是精品

王健林是一名极其有思想的人，他将万达自创建至今分为了三个阶段：第一阶段为"老实做人，精明做事"阶段，这是基于房地产界秩序比较混乱的情况下提出的口号，意在要求万达诚实做事，同时也不能上当受骗。第二阶段为"共创财富，公益社会"阶段，万达的前身是一个负资产的企业，因而王健林接手万达后的第一步就是要拯救企业。当万达摆脱困境，在商界站稳脚跟之后，万达要做的便是回报社会。第三个阶段也就是现阶段，万达的口号是："国际万达，百年企业"。这个口号提出之后不仅令万达人振奋，也令国人振奋。万达人用自己的实际行动向世界彰显了自己："我是一流的！"①

对于这一价值追求的描述，王健林说得最为贴切："万达有远大愿景，对工作标准要求极高，追求'让一切工作成为精品'。如果万达定位于做中国一流企业，就不用一年开业20个广场，每年有5个就够。但万达的目标是做世界级企业。按照万达现在的发展趋势，2015年收入将超2000亿元，资产3000亿元，年纳税300亿元，净利润几百亿元。除了少数大型垄断央企，万达能排在中国企业前列。而且万达完全靠自己、靠市场发展，更

---

① 《万达如何做商业地产：一个行业先锋的模式路径和执行细节》北京：中国建筑工业出版社 2013

受人尊重。只要万达进入的产业，万达至少做到中国行业第一，追求世界行业第一，万达人必须有做到最好的意识。"

万达为自己制定的标准非常之高，它致力于做世界级的企业，做长寿企业。王健林要求万达的每一个项目都必须是精品，建筑设计不能有一点马虎。现在万达第三代产品——城市综合体的设计主要考虑以下四个因素：

第一，街坊式布置。

逛街逛街，逛的就是街边的街坊。基于国人的这项传统习惯，万达的设计师们需要在城市综合体的设计中较多地采用街坊式的街区设计。这就要求设计师们既要考虑消费者的购物心理——购物除了购买所需品之外，还有另外一个目的，那就是散心、休闲、玩耍。因而，要营造一种街区式的购物氛围。同时，还要求设计时充分考虑空间的利用及造价的合理化。解决这两个问题着实令设计师们煞费苦心，因为它们就像一对矛盾体，要宽阔自然就会出现空间的浪费。因而，设计师们设计产品时呕心沥血，对每一个微小的细节都考虑再考虑、思索再思索。

第二，多功能综合集中开发。

万达广场的第三代产品为多功能城市综合体集中开发，不仅包括大型商场还包括特色商业街、高档公寓、高档住宅、大型写字楼、五星级酒店和大型广场。因而，在设计上要求具有规模性和一体性，合理安排格局，既要做到合理布局还要充分考虑商圈日后的独立性、舒适性和相关性。因而，一般情况下万达的住宅和公寓都会位于酒店、商场等商业性和办公性建筑物的后翼并保持一定距离，这样既能保持住日后商场的商业氛围、办公楼的办公氛围，也能使住宅环境更加安逸、交通更加通畅。为此，设计师们必须亲临现场，时刻冲在第一线，身临其境地感受自己的设计，以便做到没有一点马虎。

第三，大型广场式。

万达城市综合体的另一大设计特色就是创建大型的市民广场。城市生活是一种快节奏的生活方式，市民们每天要为各种各样的人生目标而废寝忘食地工作着。忙碌了一天后拖着疲惫的身子回到家中，人们只想找一块能自由活动的广阔空间来放松一下身心。年迈的老人们尽管不用再去应对工作，但也需要一个空间来丰富他们的晚年生活。然而，这一简单的需求在寸土寸金的城市中是那样难以满足，甚至变成了一种难以实现的奢望。

对此，万达在发展自身的同时，本着"回馈社会，造福百姓"的宗旨进行了"大型广场"的设计，以满足人们的需要。某次王健林董事长在接受记者访问时，有一位复旦大学的学生向王健林先生表示了感谢，因为有了万达广场，他和同学们才有了散步的场所。

第四，地标式建筑。

万达作为一个龙头企业，身上已附着上了那种"不到长城非好汉"的霸气。地标式建筑是彰显万达这种霸气的最好论证。万达的产品不仅要成为城市的地标，也要成为中国的地标，乃至走向世界，成为国际上的地标。因而，地标式的建筑风格是万达产品的又一重要特征。

看着轰轰烈烈的万达，想象着未来的生活，万达给人一种无法用语言形容的力量，这种力量的传递介质便是一座座精美、典雅的万达建筑。肩负这种神圣使命的万达产品的建筑设计容不得一点马虎，也许这就是万达的魅力所在。万达执着地追求产品设计的严谨源于万达"老实做人，精明做事"的企业文化。

依据城市级别确定产品档次

今天，万达广场已经发展到了第三代产品。根据城市级别的不同，第三代万达产品分为高、中、低三个档次，分别对应A版项目、B版项目和低成本开发项目三个版本。例如，泉州万达广场、西安李家村万达广场、重庆南坪万达广场等属于低成本开发项目；武汉经开万达广场、上海周浦万达广场和郑州中原万达广场等为万达的B版项目，即中级档次的项目；上海五角场万达广场、青岛CBD万达广场等为万达第三代产品的A版项目，即最高层次的产品。

万达三个不同档次的产品建筑的标准指标也存在着差异。例如广场和路面所用的材料，高档次的一般选用花岗岩或是其他高档材料铺成，路牙石均为花岗岩，平均造价在每平方米500元左右；而中档次的一般选用沥青混凝土或是广场砖、人造石等低价材料，平均造价每平方米不会超过350元，整个项目所需投入的建筑资金至少会差出30%，这是一笔不小的成本支出。

万达是根据哪些因素决定产品的层次的呢？最主要的因素在于项目所在的城市隶属的级别。万达并不是盲目地一味追求一流，而是因地适宜地考虑周边情况，根据产品的整个大环境来恰到好处地决定产品的档次。通常，当决定在某一城市落成项目后，万达集团会根据这个城市的经济实力、居民的消费水平和消费习惯来匹配出适合这所城市的项目档次。一线城市和二线城市的产品差异化策略有显著的区别：一线城市，这类城市的经济活动非常活跃，居民的人均消费水平高，服务行业非常发达，对消费品的需求层次有所要求，品牌认知度较高。因而，这类城市适合匹配高档次的产品即A版产品；二线城市，这类城市的经济水平处于中间水平，但经济发展很有潜力，城市的产业结构正在调整，消费水平和消费理念处于正在上升趋势。针对这类城市，万达集团予以了足够的重视，充分考虑城市的大背景确定了对应的中档次产品。对此，万达是有自己的考虑的，此类城市的发展空间大，想要发展成名副其实的一线城市尚需一段时日，且居民的消费观的提升也不是一朝一夕的事情。因而高档次的产品必然不适合，但是低档次的产品同样显得太拘泥了，故而发展对发展，万达对此类城市匹配了中级档次的产品建筑项目。

针对那些有一定消费水平但消费观偏保守，经济处于发展阶段的三线城市，万达为此设计了低档次的综合体建筑。

很多时候，万达想在二线城市和三线城市做成功需要付出的精力比一线城市多得多。因为，基于二三线城市经济发展缓慢的大背景，其所带来的消费水平和消费理念尚不成熟，因而，这里建造项目想要做成功就必须准确定位，要善于预测消费潮流，适度引领、适度超前，才能确保成功。往往这类城市的项目选址要求要更高，因为中小城市的消费力低，商业项目就对周边的人口要求比大城市要求更高，公交条件更显得重要，非机动车停车条件要求也高，机动车也应尽量设计成地面停车。对此不能照搬大城市的选址模式，而是尽量选择城市的核心位置进行项目的建设，这点经验也是万达用血的教训换来的。

天津的沃尔玛超市主要针对消费者对日用消费品的需求，其销售商品多为价格低、使用周期短的普通消费品，每件产品的利润有限。这样一种廉价业态产物在寸土寸金的核心商圈中是极难生存下来的。然而，天津的沃尔玛却开在了繁华的滨江道商圈里，原由在于万达为沃尔玛提供了超低的租金价格。万达之所以为沃尔玛提供如此低的租金价格是有一定目的的，最初万达希望能够借助沃尔玛的人气，在沃尔玛一楼开设万达时尚广

场，卖高档时尚产品。然而这一设想很快被事实证明是无效的，原因就在于万达事先没能充分地估计到消费群体的消费观和消费水平。试想，一群从沃尔玛买完低价日用品的消费者，怎么可能拎着一堆的米面粮油再去买高档次的时尚产品呢？

因而，还不到半年轰轰烈烈的万达时尚广场便关门了。而旁边的宏牛鞋城却经营得有声有色，尽管它的产品档次无法与万达时尚广场的产品相比，但是它抓住了消费者的需求，符合市场的需要，因而能够在这样一个繁华的商圈存活下来。尽管万达时尚广场项目最后以失败宣告结束，但是这段惨痛的经历却为万达留下一笔宝贵的财富，自此，万达每一个项目开发都会先充分考虑周边的对象，根据市场的大环境来定位自身的产品。

由此可见，万达不是一个盲目求大、求强的激进分子，而是一个充满理智和智慧的商者。古语有云："知己知彼，百战不殆。"对此，万达既做到了了解对象，又做到了了解自身，并将二者恰当地结合在了一起，于是一座座万达广场陆陆续续地出现在了各个不同的城市。由此可见，企业想要生存发展，了解市场所需才是关键。为此，必须把握好下面三点：

第一，杜绝一味模仿复制，企业要有自己的东西。

一个有潜质的企业必须拥有自己的东西，不能一味地模仿复制，真理往往掌握在少数人手中。没有永远正确的商业模式，只有合适的商业模式。企业应该通过自身的努力获悉市场动态，了解市场需求，一味模仿是行不通的。

第二，企业管理者应具有远见卓识。

把握市场动态，了解市场需求，关键就看企业管理者有没有慧眼。很多时候，企业能否发展壮大，拼的就是带头人的眼界。一位高瞻远瞩的企业领头人能带领企业开创一片广阔的天地；而一位目光短浅见识有限的企业领头人则可能将一个原本非常有潜力的企业带入四面楚歌的绝地。

第三，关注市场动态，了解社会大背景。

企业能否了解市场需求要求企业具有一定的信息量，关注社会，关注国情，知道自己身处怎样的一种环境。企业家也没有异乎常人的超级感应力，他们能把握市场需求的主要原因就在于对形势日积月累的思索和分析。

综上所述，企业在产品种类管理上一定要充分了解客户所需，生产适合当前消费者实际需求的产品，企业管理者也要时刻关注社会动态，掌握一定的信息量，这样做出的决断才能更加准确。

抓住问题的关键，便能事半功倍

　　自2005年至今，万达集团实现了连续盈利。而且，万达集团每年的新上项目都处于不断上升的趋势。即使在今天，房地产业行情正处于徘徊不前的僵局，万达集团依然稳稳地行驶在一条快速发展的道路上。那么，万达集团为何能在市场竞争中游刃有余？万达董事长王健林似乎有事半功倍的本领，即将主力店配比价值最大化。

　　对此，王健林总结说："万达重视招品牌企业，比如零售行业内的沃尔玛、家乐福，电器销售领域是苏宁、国美。尽管这些企业一般来说给的租金不如其他的品牌多，但是万达广场在原则上不会引入新成立的企业。虽然大企业都是由小企业成长起来的，但相对来说，经营小企业风险比较大，租金交付也比较差。小企业经营得好还可以，如果经营不好就关店了，那样会比较麻烦。基于此，万达原则上会更加关注品牌企业。"①

　　显然，王健林非常重视主力店的招商工作。在他看来，主力店的租金低只是表面现象，并不代表无利可图，因为租金较低的主力店往往能聚客，从而带动整个万达广场的客流，从根源上稳固整个商场的客流状况。如果整个商场没有客流，那么所收租金再高也离关门不远了。

---

　　① 李铎. MALL 不应"惟高租金是瞻"［EB/OL］.［2009–11–25］. http://news.163.com/09/1125/02/5 OUC9V6G000120GR.html.

另外，王健林还比较关注不同经营业态的主力店选择。他坦言："万达之前有类似的教训，以前一个购物中心全部都经营鞋帽、服装或者是化妆品业态，最后经营不善，只能关门。"对于不同业态主力店的个数选择上王健林也有自己的想法，他表示："在各种主力店的选择上，只选一个，才能避免恶性竞争。"可见，如何做好主力店的配比工作是万达招商环节的重中之重。

万达集团作为一个盈利性商业组织，在成功经营中获取利润是其最终价值追求。如何做好主力店配比工作就好比是点睛之笔，抓到了点子上。主力店成功进驻的意义不在于租金的提升，它还具有"名人效应"。主力店的进驻能带来品牌效应、聚客效果，很好地保证了万达的成功运营。为此，万达对主力店招商时主要从以下几点进行规划：

第一，从根源上认识到主力店的影响力。

在商业设计上充分考虑业态规划的问题，尤其是主力店的规划设计必须提前进行，提前了解主力店商家对店面的要求、所需面积、位置要求、停车位、货运通道等，在商业设计时做到胸有成竹，从宏观角度思考设计方案。

第二，丰富万达广场的经营业态。

在每个万达广场的主力店租赁区域都规划了一定的待租区域，通常会在三千平方米至八千平方米左右，希望用来发展更多的休闲娱乐、时尚零售、大型餐饮等主力业态，更加丰富万达广场的功能，满足消费者的需求。

万达集团特别重视万达广场经营业态的合理规划和配置，牺牲部分自身的租金收益，适当加大主力店的经营比例，依靠主力店自身的品牌优势、经营能力、聚客能力，增强万达的经营能力。比如上海周浦万达广场的主力店经营面积占比78%。与此同时，适当加大餐饮娱乐业态的经营比例，丰富万达广场的经营业态。

第三，合理规划主力店配比。

合理规划主力店的配比主要是为了发挥"名人效应"，通过自身的品

牌号召力，吸引足够的人流，从而吸引零散商户的眼球。更多时候，主力店的租金都是非常低的，万达的盈利点在于那些零散的商户身上。因而，主力店的比例不能过大，也不能过小，过大会影响公司的利润，过小又不能很好地起到主力店的作用。

经过多年发展，万达已经在经营上形成了自己的特色模式，并在盈利上获得了可观的利润增长。能够抓大放小，在商业管控中妥善处置、周密安排，万达广场在主力店经营方面也形成了自己的经营智慧：

1.租赁面积在三千平方米以上的专卖店，例如国美电器、运动100等大卖场都与万达形成了亲密的合作关系。

2.大型娱乐城，如万达影城这些门店能够聚集人气，带动消费，并因品牌影响力提升集聚功能。

3.四千平方米以上的餐饮项目是目前万达重点加强的新型主力店模型。对此，王健林曾表示："商业不是做出来的，是吃出来的。"充分反映了万达对餐饮业项目的重视程度。

4.百货：万达的百货时代开始于第二代产品，万达与百货合作的历史轨迹追溯到最初的五六个万达广场。例如，万达与大洋百货进行合作、与香港新世界合作、与银泰百货合作，包括目前万达自己投资的万千百货。

5.超市：万达与超市的合作模式最为成熟，其中最早的便是与沃尔玛的合作。超市对于万达意义深远，目前万达与超市的合作关系也进入了多元化阶段。在不同的地区，不同超市具有的吸引力也不同。在天津可能沃尔玛比较受欢迎，北京则比较认可家乐福超市，唐山则对华润万家比较认可，石家庄则更多地认可北国超市。

每项工作有每项工作的重点，万达运营的重点在于将主力店配比做到价值最大化，为此付出的所有努力都是值得的。对于不同企业而言，工作的重点不尽相同，但是抓住问题的关键所在，便能事半功倍地做事情这个道理是相同。因而，分清主次，抓住关键步骤是企业家的必备素质。

小事不可小看

"天下大事必作于细，天下难事必作于易。"想成就大事业必须从一点一滴的小事开始。伟大的企业都非常注重细节的控制，因为无论你的目标有多么宏伟壮大，如果不能踏踏实实做好每个细节的规划，那再伟大的目标也只能成为一纸空谈。

万达做好了细节控制，故而成就了"万达速度"和"万达品质"。的确，无论是从工期还是质量来讲，万达都用自己的实际行动赢得了业主的信任。

常常听业主抱怨："今年又交不了房了，说是还要推迟半年……"因为很多开发商只顾一味敛财，不停地开发新楼盘，对工期一延再延，今日推明日，明日推后日，期房延后一年半载交房已经是司空见惯的事了。而万达不会出现这种情况，也不允许出现这种不守信誉的情况。那么，万达是怎么做好细节控制的呢？

第一，细节控制来自于用心。

万达在生存的每一分钟里都非常谨慎，用心地做好每个工程，从一点一滴做起，把控好每个细节、每个操作流程。在工期和质量的管理方面，首先，把握好细节管控，有效地控制工期，关键有以下几点：①积极主动地与施工队伍、主力店进行对接，确定工期计划的科学性和合理性；②对于工期的各个节点要落到实处，公司内部和相关责任单位必须设有相关的

责任人，公司安排专人跟踪计划的落实情况，以便第一时间发现问题，解决问题；③提前协调一切可能影响工期正常进行的因素和环节；④对关键点计划可采用现场会的形式落到实处，实行责任各方会签制度；⑤对于供电、消防、空调等能否如期开业有着决定性影响的项目，应拟定专项的施工、验收计划，重点落实；⑥实施工期奖罚制度；⑦计划的执行和管理是工程管理的灵魂，要以保证按时开业为原则，确定科学合理的工期倒排计划。

其次，工程质量的好坏，及工程配置的高低直接影响到产品的销售和租赁情况，是开发商树立品牌的重要影响因素，与开发企业的信誉和长期发展息息相关。一个项目的工程质量就是工程项目的生命，而且工程质量一旦出现问题就很难修复，并且严重影响工期，增加投资成本。这就要求项目建设过程中一定要做好质量的把控关，将质量问题消灭在萌芽状态。具体细节控制如下：①重点控制防水工程、内外装修工程、外环境工程、消防工程、通风空调工程、高低压配电工程等工程的质量；②确保做到择优选择承建队伍，合理设计，严格控制设备材料质量，严格到位的现场管理，充分发挥监理单位的作用。

做好这两点成就了世人称道的"万达速度"和"万达品质"。工程管理的成败，细节控制是关键。

第二，细节控制源于习惯。

俗语说得好："播种行为，收获习惯；播种习惯，收获性格；播种性格，收获命运。"人类的习惯就是一种思想意识。当一个人做某件事情非常熟练之后，就会变成一种习惯。万达的每项工程都可以细化为无数个点，对这些小的点进行把控，久而久之会变成一种习惯。在万达，做好细节控制已经成为一种习惯。

万达的团队就像被格式化了一样，每个员工都必须将把控细节训练成自身的工作习惯。王健林要求每一位万达人都必须做好细节控制，因为小事不可小看，小问题不可忽视，永远执着地像着了魔一样坚守着这个习惯。

在当今这个物欲横流的时代，这样的坚守意味着可能要失去一些眼前的金钱利益。金钱是极具诱惑力的，它能让人迷失本质，不择手段地谋求。万达之所以不惜放弃眼前利益、坚持自身原则，最重要的原因在于信念，这种信念的传递者便是王健林本人。

王健林常对人说："坚持是企业家的精神核心。"他这种执着的坚持精神早已潜移默化地注入到了万达的企业文化中去了。面对着万达的细节控制原则，王健林执着地坚信：细节控制是工程管理的关键，不放过管理过程中的每一个细节控制，是万达人必备的素质。王健林深信，只有踏踏实实做人，踏踏实实地做好每个细节，才能使企业之基长青，不重视细节控制、眼高手低的人绝不是万达所需要的人。

"千里之堤，溃于蚁穴"，一个不经意的疏忽破坏力往往是惊人的。类似"一口痰吐掉一个联营药厂"，"一顿饭吓跑外商"的故事已经广为流传，这些故事充分体现了细节管理的重要性。很多细节管理在企业看来似乎是无足轻重的，但在别人看来十分重要。这些小细节累积起来，带给企业的影响力是不容忽视的。细节管理的力量贵在坚持，那些成功的企业之所以成功，其中"细节管理"是不容忽视的。纵观世界著名企业，无不是从精耕细作中一步一个脚印地迈向辉煌的。细节管理代表着管理的极致，体现着管理的深度和广度。以小见大，客户往往更愿意从小问题上感受企业的实力。每个管理的细微之处，只要企业愿意做、认真做，其结果定是好的，更会为企业赢得良好的口碑，带给企业的不仅仅是一个品牌，更是一种潜在的效益。

第三章　赚钱是公司的首要职责

今天，任何行业都普遍存在竞争压力大、盈利难的问题。在万达快速发展、高速成长的过程中，王健林始终没有忘记"盈利"这个重要目标。无论是低成本获取土地资源、坚持商铺只租不售的策略，还是让连锁百货带来持续现金流的做法，都有"赚钱是公司的首要职责"的影子。

将"低成本获取土地"进行到底

　　房地产价格的构成包括土地取得成本、建筑安装成本、营销成本、税费、利润等。要想获得高额的地产开发利润，就需要支付尽可能低的开发成本和获得较高的销售收入。在房地产界曾有这样一种说法：谁取得了土地，谁就获得了市场份额。

　　在万达开发的商业项目中，第一、二代产品的土地，基本是与政府洽谈，以招商形式完成的。在土地价格上，虽然从公开渠道比较难以获得，但由于万达的商业模式受到地方政府的普遍欢迎，所以获取的地价一直偏低。例如，上海某区项目楼面地价不到1000元／平方米，当地一般地价至少要3000元／平方米；北京石景山项目楼面地价为2400元／平方米，而一街之隔的另一块地楼面地价是6000元／平方米；青岛项目的楼面地价是2100元／平方米，相隔的项目则是8000元／平方米。

　　2010年，万达斥资300亿元，以平均1546元／平方米的低楼面地价拿下了1976万平方米的土地储备，而城市综合体形式的物业类型毫无疑问地能够使销售价格有很大的提升空间。

　　在今天的住宅开发市场上，四万多家房地产企业竞争非常激烈，而且招拍挂也非常激烈，每一块地都经过多重竞争，利润空间压得很低。如果不是中国房地产价格上升的大趋势，实际上通过这种方式拿到的土地，利润空间很小。一旦房地产价格升值趋缓或是停止，这种拍卖拿地的项目是非常危险的。在这种情况下，做商业地产项目相对来说容易拿到土地。

由于万达广场的经营业绩良好，其产品模式相当于一个高品质、小型商务区开发建设，就业、税收、商业氛围和城市形象等多方面产生作用，因而在选址、地价、配套等方面，均享受到非常优惠的政策支持。这不仅与万达自身的公关能力有关，也与万达非常强调城市综合体对地方经济的现实带动作用有关。具体来说，万达城市综合体开发对地方经济的带动作用可总结为四大工程：

第一，税收工程。万达的项目能提供稳定的税收，一年几千万甚至上亿元。随着销售的增长，税收还会增加，地方政府和百姓都喜欢。

第二，就业工程。中国经济的最大风险是就业风险，根据万达的预测，在2015年之前，中国就业压力不能解除。而万达在上海的一个大型商业项目开业就能解决1.5万人的就业问题，最小的商业项目也能提供六七千人的就业岗位。无疑，万达的城市综合体开发受到了当地政府的普遍欢迎。

第三，购物中心成为城市标志性建筑，提升城市形象。城市综合体的建设，为当地城市增加了一个新地标，公共建筑成本很高，立面、结构都很考究，能提升当地形象。搞一个购物中心再加五星级酒店、写字楼，相当于小型的商务区，尤其是政府规划的项目中，更容易拿到项目。

第四，提升城市商业水准。在实际操作中，万达的项目让所在城市的商业水准跟国际接轨，而且带进去的零售商一般是500强企业，对当地政府招商引资是非常重要的。

综合以上因素，正是由于万达在从事别人没有或很少有人做的商业项目，又有这么多综合效益，所以才受到了各地政府与企业的欢迎。目前，万达进入的城市有企业自主扩张和政府邀约两种途径。无论选择哪种途径，万达最终都会与政府达成协议，获取较低成本的土地，誓将低成本获取土地进行到底。

众所周知，经营成本是企业的三大支出之一。一切运转的机器都需要润滑油，企业也一样，所有企业的运转都需要金钱的润滑。由于企业的经营成本是一笔不小的数目，所以降低经营成本是势在必行的，这既是企业

发展的呼声，也是市场竞争的要求。

研究表明，土地、资金、人力、企业家，是商业地产开发的四大因素，而土地取得又是开发的起点。通常来说，在其他因素相对稳定的情况下，地价越低，开发商就越有钱可赚，这就是所谓的低成本战略。低成本战略也称为成本领先战略，指企业通过有效途径降低成本，使企业的全部成本低于竞争对手的成本，甚至是同行中的最低成本，从而获取竞争优势的一种战略。在万达，降低成本一直是其打造企业核心竞争力的关键。而万达降低开发成本的优势就是可以在国内一、二线城市中的优良区位和地段，获得廉价的土地。

"规模不等于效益，规模与效益不是互为因果，而是条件，供应链制胜的关键是，永远都要比对手更好地控制成本。"万达的成功之处首先在于低成本拿地，从而获得了极大的运作空间。在微利时代的今天，只有经营成本领先，企业才能更具有竞争力，才更可能在激烈的市场竞争中赢得主动权，获得最后的胜利。

在经营过程中，让公司做到成本领先，就必须做好成本战略管理。比如，建立合理、高效的管理组织结构，控制管理费用水平；按现代营销观念组织营销，控制"销售费用"水平；为适应专业化经营及管理的需要，研究并完善专业化核算办法；举债量力而行，控制财务费用；成本管理不仅是财务部门的事，而且是公司所有部门的共同责任；成本控制不仅是管理者或领导者的责任，而且是全体员工的共同责任。

推而广之，一个新开办的企业、一个新创立的品牌如果能实现低成本控制，那么经营管理就有很大的盈利空间；而不少企业遭遇失败、破产的一个重要原因也同样离不开成本控制，即没有一个较好的办法来消化固定投入。换句话说，不明白成本构成是企业亏损的一个最重要的原因。

1.结构性成本占劣势

从2006年开始，中国国产品牌手机陷入了集体亏损的泥沼。而山寨手机却日益红火起来，很多人也因此赚得盆满钵盈。这就告诉我们：当一个商业有可能以不同的方式组织时，结构性成本就成为一个重要问题。如果你在结构性成本上存在劣势，就很难赚到钱了。

2. 无法掌控直接成本

经营者在创业之初，以及投资新的行业时，很容易赔钱。因为他们对所经营企业的直接成本和收益都不太清楚，只能在试错中增加经验、总结教训。亏本的重要原因是对直接成本不具备掌控力。

3. 非业务成本投入过多

企业如果能把很大比重的力量用于确实有价值的业务上，就会取得很高的经营业绩。而现实情况是，人们常常不清楚公司哪些投入可以带来收益、哪些投入毫无价值，结果无形中导致非业务成本投入过多，增加了亏损的风险。

总之，低成本策略对任何行业中的每个企业来说都是获取竞争优势的法宝。实现了低成本运作就相当于增加了利润，这是商场中永恒不变的经营法则。

未来的竞争将是精细竞争

万达地产在不断研发新产品的同时，也在进一步推进区域布局深化发展战略，立足于一线大城市，全面深化二、三线城市纵深发展的策略，逐步拓展至绝大多数乃至全部地市，实现了全国遍地开花的产业发展格局。

在坚持向全国发起战略布局的同时，万达也采取了区域深耕扩张模式，即在同一区域内开发多个项目，并涉及不同形态的物业，如包括高端住宅、高端商业综合体、写字楼等丰富的物业形态，以此由点到面、全方位地铺展开来，挖掘当地的商机，逐步实现规模化效应。从而在提升利润的同时创造出新的城市价值，提升城市的发展机会与品位。

2011年8月，万达进驻徐州。自此，徐州云龙万达广场便成为徐州市的"三重一大"重点工程、云龙核心区的龙头项目。2012年，在徐州签约的各大商业项目相继登场：

4月21日，云龙万达广场营销展示中心对外开放，徐州首次出现未售先热，6000多客户挤爆售楼处；

4月28日，万达举办"投资有道智汇财富"高峰论坛，并邀请众多地产经济评论家到现场进行讲座；

5月13日，"万达所至，财富所向——徐州云龙万达广场城市商业街钻铺产品说明会"首次释放1#、2#、3#、10#城市商业街钻铺价格；

5月19日，云龙万达广场城市商业街钻铺开盘；

6月18日，云龙万达广场首批住宅项目在4小时内疯狂销售2亿元；

7月21日，云龙万达广场电梯洋房稀缺价值得到了广泛认可，开盘劲销80%；

8月18日，精装SOHO公寓正式开盘，引来新一轮的销售热潮。

自万达进入徐州以来，东区市场的房地产从刚开始的有点儿人气变成了大有人气，成为徐州各区域中最具有标本意义的位置。这与万达产品上的精耕细作和商业模式上的匠心独具有关。可以说，万达的出现无形地带动了东区的发展。这个原本蛮荒且陌生的城市边缘地带，因为一个企业的进入从区域价值上发生了翻天覆地的蜕变。

对大部分开发商来说，为周边环境或者配套的投入往往是为区域贡献，为他人做嫁衣，还拖慢了开发速度，是笔不划算的买卖。但万达在众多开发商中绝对属于异类，万达追求的商业模式，已不仅仅停留于最基础的卖房子。

住宅加商业、住宅加环境、住宅加教育……除了地势的优越性带来的周围配套外，万达还有其独特的园林设计、建筑设计、优雅的建筑立面美学。因此，万达所打造的由大型购物中心、城市商业街、商务写字楼、豪华影城、高档住宅等多种业态组成，集购物、餐饮、文化、娱乐、商务、休闲等多种功能于一体的大型城市综合体，为周围小区的建造创造了优越的条件。

由于万达在产品获得成功的区域或经济发达的重点地区倾向于区域深耕，所以在诸多城市建设中开业了不止一家万达广场。因此，万达规定：7公里内绝对不会出现两家万达广场。万达认为，有效辐射半径为3~5公里，辐射人口要超过30万人。

万达在北京开发的项目包括CBD万达广场、石景山万达广场、北京索菲特大饭店、北京铂尔曼大饭店和北京通州项目等。

在上海已开发五个万达广场（含高档酒店项目）：五角场万达广场、

周浦万达广场、江桥万达广场、宝山万达广场，以及松江万达广场。这五家万达广场将占据上海东南西北四个角落，对上海外环线以内的区域进行全方位的辐射，即使最近的两家万达广场之间直线距离至少也要达到8公里。

对于万达的选址标准，可参考其上海的三个项目：第一个项目在宝山五角场，该地区是上海市总规划的四个城市副中心之一，人口聚集度高、交通方便，且方圆五公里内存在大型商业的空白；第二个项目在周浦，大浦东的发展吸引了众多中高端人士，周浦的消费水平不断升级，而周边又没有相应的消费场所；第三个项目在江桥，虹桥交通枢纽把江桥纳入了上海西大门之内，这里的交通区域价值的提升指日可待。这三个项目的运营都很成功。据了解，万达将在2014年建立起约109座万达广场。2015年还要开20多座万达广场，将会有一些品牌商提前和这些未来开业的万达广场签订合作协议。

"一座万达广场，一个城市中心"，万达的宣传口号喊遍全国。虽然万达广场在大城市的选址更多的是根据政府规划而选择城市的副中心，例如上述的北京通州万达广场、上海江桥万达广场和宝山区域等。但随着中国城镇化的发展，更多的三四线城市会有购物中心的需求，并且购买力也很可观，同时还有地段价格较低的优势。

所以，万达广场在继续重点拓展一线城市市场的同时，会适当扩大在二三线城市的布局，并准备深耕三四线城市，把"万达广场让城市更美好"的理念深入传播，从而巩固并进一步扩大全国性布局的长期竞争优势。王健林对这种区域深耕的发展战略称之为"精细化管理"。

精细化管理是超越竞争者、超越自我的需要，是构筑流程卓越型私营企业的需要。未来的市场竞争将是精细的竞争，企业只有在每一个精细上做足功夫，建立"精细优势"，才能真正保证基业长青、持续经营。概括起来，精细化管理具体体现在以下几个方面：

1. 精细管理是一种意识

精细的管理者要始终保持一种"差之毫厘，谬以千里"的危机意识，通过这种意识的培养，造就善于把握机会的能力。

2. 精细管理是一种理念

精细管理是建立在常规管理的基础上，并将常规管理引向深入的关键一步，要求把每一项工作都抓细、量化，有利于落实到行动中。

3. 精细管理是一种能力

作为一名管理者，要能够洞察秋毫，能够把复杂的事物进行细分，并有能力通过这其中的细节找到整体的规律。

4. 精细管理是一种态度

精细管理要求管理者事事认真、时时认真。围绕公司精细化管理的目标和要求，做到超前半步，并制定积极的预防措施，确保职责清晰、责任落实。

总之，企业必须依靠精细化管理"挤"出利润来。而精细化管理不是挂在嘴边的口号，不是一种简单的行为，而是一个企业、一个组织综合能力的体现。

只租不售，华丽转身

商业地产是靠钱"养"出来的，中国的商业地产项目很难取得长期、低成本的资金支持，因此，散售商铺一直是中国商业地产发展无可奈何的主流，万达也同样经历了这个阶段。

万达成立专业的商业地产公司后并不急着拿地做开发，而是与沃尔玛、欧倍德、大洋百货等12家跨国连锁企业和部分国内知名企业签订联合发展合同，双方共同选址，万达投资建设，沃尔玛等租用卖场。

2000年，万达在长春与沃尔玛合作后，王健林通过与沃尔玛进行一年的谈判，最终使其成为万达商业广场的第一主力店。在万达商业广场商铺的预售中，沃尔玛成为吸引投资者眼球的关键。

由于很多投资者都是冲着会带来人气的沃尔玛而购买万达商铺，所以万达和沃尔玛的第一个合作项目长春万达广场一层的店铺很快就售罄，最高售价竟达到了6.8万元／平方米。这样的楼价在2002年的长春无疑是天文数字。

2005年以前，在具体的商业地产项目中，万达的资金来源一方面是靠出租部分物业，一方面是出售部分的商铺。在大量物业面积出租给沃尔玛等国际巨头后，万达将底层商铺予以分割出售，通过依靠沃尔玛带来的人气养活小型的店铺。

在沃尔玛的带动作用下，万达广场的销售价格比市场价提高了两至三倍。虽然巨额的商品出售使万达快速地回笼了资金，但高昂售价的背后是业主们更为热切的获利心态，在这种状况下出现了不少问题。

其实，任何一个商业地产项目都需要一到三年的市场培育期。而当时购买万达商铺的80%为投资者，他们投资就是为了靠租金赚钱。万达替小业主招租后，小租户缺乏培养市场的心态，高价买得店铺的业主都期望自己的投资能够马上获得丰厚的回报，便不断地上涨租金。一旦租金坐地飞涨，高昂的租金致使租户几个月不能盈利，结果长春万达广场很多一楼店铺纷纷关店。由于万达跟小租户签的销售合同明确规定不返租也没有固定回报，所以小租户收不到理想的租金就开始闹事。于是，出现了长春的打人事件、沈阳业主集体打官司事件等。从而造成了万达广场前期经营的不稳定和招商的反反复复。

万达当时做了15个购物中心，开业了12个，其中11个项目都做了销售，在长春、沈阳、长沙、济南等地总共有7个项目出现了问题。为了维护企业品牌，万达开始尝试与小业主谈回租，每年保证业主8%左右的投资回报率，再请主力店来经营。而主力店得到第六年、第八年才可能有8%的回报率租金，前几年的差额万达只能自己贴钱来弥补。虽然万达的第一代商业体利用沃尔玛的商业号召力红火开场了，但结果却是一地鸡毛。

万达的第二代商业体吸取了第一代的经验，将若干个没有散售的购物中心整体出售，溢价变现，结果仍然不令人满意。为此，王健林开始反思并意识到：不能走靠销售店铺回笼现金流的路子，商业地产要想做大做强，只能走"只租不售"之路。

从2004年开始，万达决定将所有商业物业只租不售。这种模式解决了后期经营管理中的问题，并带来了长期稳定的现金流。对于此前已经分割出售的项目，除了南京、青岛等项目之外，绝大部分出售商铺全都拿了回来，并保证业主一定的回报率。"返租"意味着万达集团要为此投入巨额资金，而"只租不售"使得大量资金无法在短期内快速回流，万达又面临着资金瓶颈。

此时，又恰逢宏观调控系列政策出台，万达的资金链绷得很紧。王健

林曾坦言："万达2004年憋得够呛，差点没挺过来。"幸好，万达找到了海外的投资者，引入澳大利亚麦格理银行合资成立房地产投资管理公司，以40%股权换取了50亿元资金。在近期，双方合作将以房地产投资信托基金（REITs）的形式在香港上市，预计融资将在10亿美元左右。

之所以选择REITs形式上市，是因为REITs不受募集时间和金额的限制，这恰好符合万达快速扩张对资金的需求。而REITs能否吸引投资者，最关键的不是物业租金高低和规模大小等因素，而是各种回报的确定性。

王健林在摸索中，逐渐掌握了REITs的四个原则：

一是联合协议，就是与未来商业地产的下游租户签订战略性的合作协议。万达走到哪里，他们跟到哪里，万达建设符合他们要求的商业地产。

二是平均租金，这是解决谈判成本和扩张速度这一矛盾的手段，在除了北京和上海的全国范围内，万达与合作伙伴都确定一个平均租金。

三是共同设计，即是按照合作伙伴的要求建设商业地产，有效防控风险。

四是先租后建，即商业地产从建成后的91天开始支付租金。

万达以这种模式成功地和沃尔玛、时代华纳、百安居等16家跨国连锁企业签订了联合发展协议，在全国各大中城市投资建设"万达商业广场"项目，稳定的合作带来了稳定的收益。截止到2005年6月，万达在全国19个城市建了21个购物中心，其目标是到2010年建设50个以上的购物中心，年租金收入达到50亿元以上。

由于万达扛住了商铺销售的诱惑，所以它才走上了综合体开发的道路，最终获得了商业模式的成功。而其商业地产运营管理成功的一个重点就在于对于"租"和"售"的管理方式，这个管理的本质就是对物业的"持有"与"销售"的比例、"租""售"组合的比例进行的划分尺度。划分的数据如下：

第一代产品，单体商业20%的商业散售，散售部分为一层商铺；第二代产品大体量商业，真正实现"只租不售"，后采取整体销售缓解资金压力；第三代产品，核心商业购物中心"只租不售"，销售部分为项目整体比例40%~60%的住宅、写字楼和社区商业。

其实，"只租不售"针对的是万达广场的产权式商铺，目的是为了能从规划、招商、营销等方面进行统一管理。在这一阶段，租金收入成为万达主要的利润来源。因此，万达只能通过特有大量商业面积来带动资金链的运转。不过，万达实现了对项目的掌控能力和管理主动权，使项目定位、布局、招商、运营、管理等方面更符合整体利益。

从最初对住宅地产"分割出售"的简单沿袭，再到"只租不售"的国际化操作，万达迅速完成了从房地产商到房地产金融商的华丽转身，令世人惊艳。这是万达用5年时间、9亿元现金、12个项目换来的商业地产真经，也是万达通过自己的实践得出的管理教训。

以售养租，持续扩张

    "万达广场"通常选在一个城市的副中心或新开发区，一站式满足顾客吃喝玩乐、商务休闲等需求，整合区内落后零散的商业格局，并通过"以售养租模式"持续扩张。也就是通过项目的部分销售还款平衡投资现金流和商业持有部分的低租金。

    万达商业地产的运作可概括地分为前、中、后三个阶段：

    （1）前期：万达依靠与政府的良好关系拿到低价土地，倚赖银行及麦格理私募等融资，在开工前与国际品牌主力店签约，聘请国际一流设计公司对自己持有的物业进行设计。

    （2）中期：万达选择中建、中铁这两家施工单位作为长期战略性伙伴，由于万达与施工企业有战略协议且能保证其施工量，所以施工企业非常重视与万达的合作关系和资源投入。

    （3）后期：万达需要对旗下的万达影院、万达百货等进行营运管理。通过"自持物业、委托经营"的方式，与雅高、希尔顿、喜达屋、凯悦等一批世界顶级酒店管理集团建立合作关系。

    从销售回款及租金收益回收的速度来看，万达必须持续开发项目才能保证资金流平衡。所以，万达通过加大销售回款来改变目前这一现状。而在资金来源方面，万达的基本思路仍然是"以售养租"。那么，这一思路是如何形成的呢？事实上，2004年和2005年是万达商业广场的一个发展分水岭。从2006年底开业的项目特点来看，它们大多属于大型的综合体，万达商业广场已经实现了从第二代产品到第三代产品的过渡。

万达的第一代"单店"建筑面积在5万平方米左右；第二代"组合店"上升到15万~20万平方米；相比前两代产品，第三代万达城市广场在面积上增长最为显著，总建面达到40万~80万平方米，可销售面积部分显著提升。这是由于在开发第二代产品时，万达意识到了住宅带来的巨大效益，所以开始有意识拿更大地块，增加住宅和可售面积的比重。

公寓、写字楼、酒店这些物业能提升商业的人流和档次，万达除核心商业只租不售，对核心商业不产生冲击的物业用来销售以增加现金流回收。万达资金构成的核心是"以售养租"，通过项目销售部分的还款平衡投资现金流，商业持有部分的租金较低，以达到"稳定开发"的核心目标。可以说，"房地产开发补贴商业经营"的模式为当前万达集团开发模式的精髓。

通常来说，商业地产公司的计价方式有两种：一种类似商场"进场费"，只有缴纳了这笔费用才有资格使用商品或服务，"一次性的物业出售"通常具有进场费的性质；另一种类似"停车费"，按照使用的时间长短来计费。"物业租赁"就是根据租赁期的长短进行计费，对于物业出售部分，万达采取"进场费"计价模式，通过整栋出售，降低了交易成本。对于出租部分，则采取"停车费"的计价模式。

对于具备较强物业运营管理能力的万达来说，通过持有物业并进行出租，不仅有利于物业价值的提升，还增加了整个系统的交易价值。从产品组合计价来看，万达广场作为一个城市综合体，涵盖了写字楼、购物中心、影院、住宅、酒店等毛利率不同的产品和服务。这种"超级市场货架模式"，与只出售或出租单一产品的模式相比，其住宅、购物中心等配套设施，不仅能为业主的生活带来更多便利，提高城市综合体的人气和人流量，也推高了商业地产的价格，增加了交易价值。而且，公司的资源和运营管理能力也可以在不同业态中复制运用，有效降低交易成本。

由于万达需要整合不同的商家，所以在招商时它采用的是类似"交叉

补贴模式"，对主力店收取的租金低于小型商铺。因为这些主力店都是拥有国际品牌的优质用户，对公司品牌的提升和后续招商都起到积极作用，通过这种组合计价方式来吸引商业资源，增加了交易价值。

近年来，万达在马不停蹄地扩张。截至2010年年底，在全国开了42个万达广场。快速复制意味着标准化，为此，万达提出"两个70%"的概念，即到哪个城市开发，在其招商和业态组合中必须保证有70%的商家都能受该城市70%人口的欢迎，这样才能保证快速复制。这"两个70%"的定位，决定了万达只能定位于比较大众化的中端市场。

由于万达的盈利模式综合了地产出租和出售两种方式，所以它可以享受地产开发和资产溢价的双重利润。在第三代产品中，核心商业购物中心采取"只租不售"模式，随着物业的升值，获得资产溢价。公司的销售部分主要是住宅、写字楼和小型商铺，占项目整体比例的40%~60%，并从中获得开发溢价。

客观而言，"以售养租"并不是万达的发明，香港新鸿基是该模式的典范。只是新鸿基强调的是公司层面"以售养租"的现金流平衡，而万达强调的是项目层面"以售养租"的现金流平衡（即在城市综合体内部，通过住宅和写字楼的出售，来支持其商业和酒店的持有）。新鸿基靠创新的商业模式提高租金回报，而万达则靠低成本土地提升回报率，两种模式的本质是相同的。

不过，"以售养租"模式对企业的规模化门槛要求较高，实现租售平衡所需的时间也较长，并且在出售部分遭遇市场低谷时，出租部分的现金流压力也会增大，所以现代"租售并举"更强调金融模式的创新。

万达也一直在寻求融资渠道的突破，只不过，在市场需求被扭曲、房地产管控政策日新月异的中国，这条路走得比较艰辛。商业地产与住宅地产运作模式不同，商业地产以做商业为主，这决定了商业地产需要长期市场培育，用长期收益获得稳定的现金流，不能搞短期利益。这最终决定了万达"以售养租"的销售模式。

王健林表示，商业地产运作和住宅地产差异巨大，简单克隆住宅地产的运作模式是外行思路，行不通，只有抱定持续经营的理念，才可能真正做好商业地产。今天，万达广场的租售模式很清晰：只销售面临步行街的商铺、写字楼以及住宅地产，其他绝大部分商业物业都由万达持有和经营。出售写字楼和住宅能带动商业中心周围的人气，培育良好的商业氛围，提高商业地产的价值，收获更加丰厚的租金。而多功能、全方位商业经营又带动了周围住宅和写字楼的销售，以售养租，以租促售，相得益彰。

万达以做住宅开发开始，以做商业地产成功。它做的不仅是商业地产，更是城市综合体。万达将政府、市场、投资者、经营者、消费者之间的关系处理得非常到位，几乎成为今天中国商业地产开发模式的代言人。

王健林
山登绝顶我为峰

确立"现金流滚资产"模式

    "现金流滚资产"模式就是通过住宅、社区商铺和部分办公楼的销售收入平衡现金流，借以支撑自持购物中心的建设，其实质是依赖地产开发销售的利润来实现现金流的内循环，通过地产开发利润、资产溢价和租金回报来获取盈利的。

    在"现金流滚资产"模式中，万达的销售配比是这样的：核心商业仍坚持只租不售，住宅项目是销售重点，写字楼按照不同项目的资金情况和写字楼的投资回报期决定出售的比例。大型综合体的写字楼、住宅、社区商业的销售占项目整体比例的40%~60%，通过项目的销售部分的销售回款平衡投资现金流，以售养租。

    北京CBD万达广场分两期建成，总建筑面积近50万平方米。其中，一期是以公寓和底商为主，二期主要是商业、酒店和写字楼。曾有业内人士对此进行简单投资测算：项目开发期总投入近50亿元，前期的销售回款为46亿元，现金流几乎已经覆盖全部成本，从而保证单项目现金流平衡。（整个计算过程除土地成本外，建筑安装成本、间接费用以及税费等主要指标均根据行业水平进行合理假设，售价则参考当时万达广场销售水平。）

    在整个项目的运作过程中有两个关键点，一是CBD项目土地成本极低，每平方米不到4000元，比当时相同区域同类地块至少低50%；二是整个综合体项目的销售部分和持有部分配置得当，一期公寓和底商全部出售，用于后期开发投入，二期中只有少量写字楼销售，可以用于补贴经营性现金支出，这样就能够以最少的投入获取最多的资产。

"现金流滚资产"的资金运作方式是万达在城市综合体诞生、持有产品业态更加多元化的背景下研究出来的地产运营模式。它是万达商业地产运营模式中的核心模式，推动了资金链的高速运转，已经越来越多地受到业界的强烈关注和效仿。

对于其他房地产开发企业来说，简单地将住宅房地产以现金流滚现金，以小搏大的运营模式转化为"现金流滚资产"模式，则必然导致失败。而万达的"现金流滚资产"模式是万达第三代城市综合体通过住宅、社区商铺和部分办公楼的销售收入平衡现金流，藉以支撑自持购物中心的建设，目前这种模式逐渐趋向完善，形成了"地产开发利润+资产溢价+租金回报"的盈利模式。

在分期滚动开发中，前期销售收入对持有型物业的资金来源支持作用很大。项目销售部分的利润加上商业项目投入经营后的租金收入，能够有效解决商业持有部分的资金成本。加之经营性物业的中长期抵押贷款，不仅解决了项目本身的资金缺口问题，还可以为万达集团的其他项目贡献一定资金，并由此逐步形成了"现金流滚资产"的良性循环模式与资产滚雪球效应。

在这一模式下，销售回款占据了非常重要的作用。关于销售对现金流的支撑，万达的内部定位是——"完成销售指标是万达集团的生命线，关系着万达集团发展战略的持续性和长远性"。

在销售现金流的控制上，万达的内部要求是：抓好销售工作，抓好销售回款；科学安排现金流；提高资金周转率；重视工程付款，在任何情况下都要保证工程进度。

到现在为止，万达集团已经建成开业的万达广场主要分布在国内的一、二线城市，资产属性优良，如果以市场价值按所实现的营业额的三倍计算，每个第三代万达广场自持物业资产的市场价值都超过30亿元，资产的溢价潜力巨大。

在商业地产开发领域，房企一般面临：定位难、规划难、招商难、管理难、资金难。而万达作为国内为数不多投资规模最大的连锁商业地产商，在就业、税收、商业氛围和城市形象等多方面都有突出贡献。尤其是其"大型购物中心+五星级酒店+写字楼+国际品牌商家"的产品模式，相当于开发建设一个高品质小型商务区，这使万达成为政府招商的座上宾。因此，在选址、地价、配套等方面，均享受非常优惠的政策支持。

目前，万达在商业地产领域已经具备了五重优势：政府支持、选址优势、规模优势、商户资源优势、商业模式优势。围绕这五重优势进行的一系列商业资源整合，使万达的商业地产平台具备了巨大的竞争力。

此外，在第三代产品的构成中，万达的可销售面积部分有了明显的提升。最核心的变化是：第三代产品的销售部分改变为对持有商业部分整体经营不产生冲击的住宅、写字楼、社区商业。同时，大型城市综合体对持有商业部分的人流、消费能力产生促进作用。

可以说，万达"现金流滚资产"模式的实质就是依赖地产开发销售的利润来实现现金流的内循环，这个模式享受了房地产开发和资产溢价双重利润。

由于万达产业链环节的资源投入比较合理、衔接顺畅，资源体系的整合能力强，盈利情况较好，所以现金流滚资产模式已经趋向完善，并通过销售平衡现金流的实践，印证了商业模式和盈利模式的可行性。对此，王健林认为应归功于以下原则和方法：

1. 科学选址并合理开发

目前，地产企业盲目进入三四线城市（镇）开发规模宏大的城市综合体，将给项目的前景带来严重后果。三四线城市需要一定规模的商业中心，地价也很低，以便于产生一定的地产利润，这是吸引大多数地产商的原因。

值得注意的是，商业中心的体量大小完全取决于当地居民的消费能力。一般来说，一个单体商业中心能够实现的营业额最多能达到该城市（镇）社会消费品零售总额的3%~5%，而营业毛利水平绝不能低于租金水平。

如果地方政府寄希望于商业地产，盲目追求其建设规模，尤其是城市综合体的开发来解决就业、税收、繁荣商业和提升城市形象，就会造成大量商业用房建成但无法营业的恶劣后果。因此，地产商选择项目的地址和确定开发规模，一定要从商业运营角度而不是从地产开发角度出发。

2. 坚持商铺"只租不售"

商业中心商业营运体系是各业态高度依赖，经营管理高度集成的体系。缺乏强有力的统一规划、统一招商、统一管理的商业中心是无法生存的。此外，如果对商铺进行销售，那么，投资者则期望套内面积尽可能地大，商铺尺度符合其购房总价的承受能力。

一旦按这个需求组织产品的研发，所产生的后果就是经营设施缺陷严重，商铺尺度无法满足经营需要而导致招商困难。即使通过返租将商铺格局进行调整以便招商经营，此后遗留的技术问题和法律问题也是难以解决的。

3. 商业资源前置

通过十余年的艰苦探索和实践，万达集团以共同选址、平均租金、先租后建、共同设计为方法与国际知名品牌形成战略合作关系，从而形成了万达的"订单地产模式"。不仅如此，万达集团还建立起影院、酒店、百货等支柱产业的自主品牌，以强大的品牌和实力聚合和号召品牌商家资源，使万达具有无以伦比的招商能力。

4. 挖掘和积累技术资源

事实上，万达在其拥有的资源体系中，技术资源始终是它的主要战略资源。多年来，万达集团不仅拥有招商、商业营运、商业工程、营销推广等各领域的专业人员队伍，还形成了一整套独特的技术标准，如《万达商业综合体规划设计准则》、《万达广场房产技术条件》等，在业内引以为傲。

很多沉痛的教训告诉我们，缺乏足够的技术条件的商业项目不仅使商业营运的基本功能都无法实现，甚至必备的核心业态也无法在必要的位

置招商落位，最终会导致项目的失败。万达商业地产运营模式通过十余年的努力，从第一代、第二代到第三代万达广场的演变，从"租售结合"、"只租不售"到"现金流滚资产"的模式转换，期间经历了许多曲折，但始终保持了其宏远的目标和坚定的决心。

对于当下中国大量从住宅地产企业转型而来的商业地产商来说，需要借鉴的不仅仅是技术层面的所谓商业地产运营模式，而是摒弃那种以小搏大的投机思维，认真学习万达集团所具有的远大志向和坚定不移的决心。

流动的钱才能生出更多的钱

国际上公认，存续时间在10年以下的企业算短寿企业，10~30年是中寿企业，30年以上就称为长寿企业。

在2001年万达集团的年会上有人提出来，万达已经走了十几年，按照国际通行标准已经进入了"中寿企业"。当时已经成立十几年（至2001年）的万达认为自己应该做百年企业。那么，做百年企业有什么标准呢？

经过分析、梳理，万达认为百年企业应该有三个标准：第一要有强大的物质基础；第二要有现代企业制度做保障，要把制度建立得很规范；第三要有优秀的企业文化。万达集团做百年企业的物质基础就是持续稳定的现金流。

房地产企业的特点是现金流不稳定，而且房地产企业也很少有一百多年的历史。一个城市的城市化进程改变，企业生存的空间也会改变，只要城市化达到一定的程度，人均住房达到一定面积，这个行业就会萎缩。而且房地产企业有一个特点：今年买地，今年几乎就没有现金流入，没有销售收入。明年开发的时候收入就一下涨上去，风险很大。

王健林认为，连锁百货可以提供最具持续盈利能力的现金流。于是，万达集团在2007年的年中总结会上，宣布公司将发起成立资金的百货连锁品牌"万千百货"。2007年10月，万千百货哈尔滨店进入试运行期，而年内其成都分店也随后开业。

成都万千百货锦华店位于著名的城东商业副中心，有着四通八达的立体交通，总面积近33000平方米，共四个楼层。

地下一层为运动、户外、健身器材、童装区和儿童乐园，运动服饰、童装一应俱全；一层为名牌化妆品、香水、彩妆、珠宝、钟表眼镜、男女鞋、女包、精品服饰区；二层为流行少女服饰、淑女装、女士内衣裤、睡衣和流行饰品区，汇集时下时尚靓牌；三层为男正装、男休闲装、男士皮包、皮件、旅行箱、男士内衣和配饰——是集购物、休闲、餐饮、娱乐于一体的多元化大型购物场所。

2007年12月开幕以来，成都万千百货锦华店凭借有利的地理位置、卓越的经营理念、高档优质的商品、灵活的促销策略、优良贴心的服务，迅速成为当地百货业一颗璀璨明珠。其实，早在2002年，万达就已经开始尝试百货（合资成立的大洋百货，万达占40%股权），但当时受限于资金等因素，大洋百货最终转让。万达对连锁百货行业的青睐，仍源于百货行业对核心产业商业地产开发的支持。也许是万达集团早年在百货行业的短暂试水，给其今后的百货之旅增添了更多的信心。

2012年7月25日，万千百货更名为"万达百货"。此时，万达百货已开业65家店，营业面积200万平方米，年销售额150亿元。王健林表示，万达对投资自主连锁百货业的构想是从保障商业地产长期快速稳定发展的战略高度出发的，是一项经过深思熟虑后的内部重大决策。

在万达集团与澳洲麦格理投行联合发起的中国最大规模的REITs产品，经过了近两年的风雨颠簸，最终在宏观环境发生剧变后悄然搁浅。外界观察人士认为，由于万达扩张心切，在与战略合作伙伴的租金洽谈中往往谈判能力不强，导致大宗商业面积的租金水平并不高，导致REITs最终淡出。而万达此次发力进入百货连锁行业，可能与增加自己在其他租金谈判中的筹码和能力有关。

万达百货总经理丁遥说："我认为，增加谈判筹码并非我们进入百货的一个主要目的。但从客观上讲，它会有这样的效果。""如果我们有一个主力百货店，又有一个电影城来吸引人流，那么毫无疑问我们将稳定其他租户的预期。"

今天，连锁百货已为万达带来持续不断的现金流，万达希望自己在百货业走得更远。9月1日，万达百货股份有限公司总部从大连迁址北京，万达百货全国布局谋篇的意图彰显无遗。

当下，虽然内地知名度颇高的百货连锁品牌已有多个，但内地传统零售业仍沿袭了一家一户式的经营模式，百货门店极度分散，60家百货零售类上市公司分布在30个不同的城市。这就导致了行业集中度低，企业缺乏规模和连锁效应，长期发展的核心竞争力无法有效形成，中国零售行业的整合势在必行。

这一形势尽在万达掌舵人王健林的预料之中，他表示，万达百货将成为万达集团四大主业之外的又一主业新贵，万达百货要"做中国最著名的连锁百货集团"，力争成为百货零售业在中国区域的行业龙头，并具备成为上市公司的条件。

如今，在我国的上市公司分析中，人们越来越多地认识到，利润并不是反映企业优劣的唯一指标，不能仅凭利润表和资产负债表来判断企业的资产管理和财务运行状况，而应结合企业现金流量状况，进行更为深入的分析。

经济越快速发展，现金流量在企业生存发展和经营管理中的影响就越大。只有持续稳定的现金流才能为企业的发展提供强有力的支持，大幅度改善企业的竞争环境，使企业获得长远的发展。特别是在面对危机的时候，充足的现金流不仅可以避免破产的危险，还可以进行风险投资，从而实现转"危"为"机"。

因此，企业的老板在经营过程中要始终贯彻一个理念，那就是：要保持充裕的现金流。那么，如何使现金流与企业的长远发展进行有效组合呢？概括起来，有如下几个方面：

首先，要有专门的部门对企业战略、风险战略进行长期跟踪，积累相应资料。无论是市场好的时候还是差的时候，这个部门都要持续运作，不能到出现问题才开始考虑。

其次，现金流管理不能一个人说了算，必须要通过前期调研、分析等一系列流程来保证决策的科学合理性。只有搞好现金管理，才能保证企业持续盈利和不断增强竞争力。否则，会紧缩企业的变现能力和盈利能力，甚至使企业资不抵债而破产。

再次，在加强现金管理工作中，公司应发挥财务会计人员的作用。如果他们能够及时提供有价值的信息，企业就可以首先通过挖掘内部潜力解决现金不足的难题。但是，企业防范风险，保持手头现金主要还是应从加强管理、预先防范上下功夫。

最后，一个企业的财务部门、战略管理部门和风险管理部门之间的业务内容其实是有重叠的，那么就应该打通这三个部门的业务壁垒，比如定期举行通气会，每月、每季度、每半年召开分析会。

"流动的钱才能生出更多的钱"。企业的现金流量反映企业在一定时期内有关现金和现金等价物流入和流出的信息，现金流不仅是企业偿还债务、支付股利的保证，而且是评价企业盈利能力、抵御风险能力以及企业未来发展前景的重要依据。立志成为中国第一连锁百货集团的万达百货在给万达集团带来持续稳定现金流的同时，也在朝着更高、更远的方向发展。

资本合作战略方兴未艾

商业地产的本质就是金融，没有金融，商业地产将无法持续地实现开发和经营。而资本运作恰恰就是通向金融的最佳途径，万达一直都谋划着运作资本的宏伟蓝图。

与国内其他开发商相比，万达商业地产资金链的来源构成更为丰富。由于开发资金需求量大，持有型物业的经营周期长，所以资金调配必须做到精细化。关于融资问题的来源大致有以下几个方面：

第一，国内私募。

已知的万达与投资机构的私募有两笔：第一笔，与麦格理在2005年完成的9项商业物业的24%股权转让，涉及资金高达32亿元。该时间阶段，为万达第二代产品转型成为真正的"只租不售"，同时遭遇宏观调控资金链紧张。万达开始寻求长期资金支持，探索拓展境外资本渠道，发行REITs；第二笔，配合A股上市进程，与建银国际已完成的股权私募，具体金额不详。未来万达为配合上市进程，仍将增加战略投资者。

据"对外贸易信托"有关人士透露，万达在引入建银国际作为战略投资者的过程中，"对外贸易信托"在其中扮演了资金渠道的角色，并且正在筹备自主投资入股万达的相关事宜。

目前，万达董事长王健林拥有万达的绝对控股权，不仅通过私募使得公司股权多样化，增加证券市场的认可程度，还增强了企业资金。

第二，银行资金。

万达集团非常倚重银行资金的使用。万达开发项目的贷款类型主要包括：土地抵押贷款、开发贷款、资产抵押贷款、资金贷款、租约抵押贷款和银行贷款的异地使用等。

虽然万达以项目资金封闭运作著称，但资金使用和管理还是由集团统一调配。万达会从现金流的角度去管理资金在不同项目间的周转和对自有资金、银行资金的使用。由于万达集团与国内银行一直保持良好、深度的合作关系，所以央行金融管理部门金融司还把万达列为全国房地产金融改革试点企业，享受"绿色贷款"的通道。

目前，万达已经分别与中国银行、建设银行、农业银行签订了"总对总授信"的协议。所谓"总对总授信"，就是指由商业银行的总行与企业签订授信协议，在协议签署后，企业在该商业银行各地各分行的贷款，将无须再履行既有的信贷逐级审批程序。

在四大国有银行中，工商银行、中国银行、农业银行这三家总行都与万达有银企协议，都给予万达巨额授信。

第三，海外融资渠道。

在证券市场融资渠道和境外融资渠道上，万达的探索目前仍未取得实质性突破。2005年与麦格理完成私募后，2006年筹备的香港REITs最终失利。万达失利的核心原因是内地的政策和税收环境的不支持，以及香港REITs门槛的提高。

在REITs探索中，万达的境外资本渠道虽然没能实质性打通，却也收获了32亿元的私募。同时，2006年与麦格理合作成功发行CMBS，虽然没有对万达提供现实的资金支持，但万达的部分资产完成了"离岸资产包"的结构性调整，为未来的融资问题提供了可能。

第四，尝试信托融资。

从2008年第四季度起，万达集团增加了11个项目，新进入3座城市，新增项目总投资额达到560亿元，这使万达对资金的依赖度显著增强。

近期在资金筹集上，万达正在调整策略以及进行新的融资渠道尝试，其中包括从未涉足的信托融资渠道。从万达2009年3月和4月的三宗信托融资产品情况看，一是金额较小，二是周期短。鉴于国内信托融资的综合成本普遍在12%左右，明显高于万达早前重点依赖的银行资金成本，由此显示进入扩张期后万达的资金链条较紧张。不过，万达在加强资金链方面进行了三个动作：首先，强化"房地产开发补贴商业经营"策略。在产品开发领域的侧重点上，在扩张造成的资金链压力下，在新增城市综合体项目中，加大了住宅的比例；其次，调整资金头寸。自2005年以来坚持的商业地产"只租不售"，在局部项目做了改变；再次，通过信托方式融资。2009年3月和4月，万达分别与国际信托、忠诚信托合作做信托方式融资。

如今，虽然万达的融资渠道仍旧是以银行融资为主，但并不满足于银行融资，因为其高速扩张的发展，持续开拓新的融资渠道是必需的。王健林认为，如果没有资金，一切就无从谈起。而资金的来源可以通过各种渠道筹划，如自有资金、集资、贷款，以及与别人合伙等。启动资金越充分越好，这样可以避免经营启动后可能会遇到的资金周转困难的情况。

融资要讲求策略，要争取以最小的代价达到最大的目的，这就要求决策者做到以下几点：

1. 降低筹资成本

筹资成本是指为筹措资金而支出的一切费用，主要包括：筹资过程中的组织管理费用；筹资后的占用费用；筹资时支付的其他费用。只有以更低的成本筹集到更多的资金，才能拥有更大的商业活动能量，办更多的事情。

2. 坚持量力而行

筹资都会有代价，这是市场经济等价交换原则的客观要求，决策者必须慎重考虑筹措多少才算适宜的问题。如果筹资过多会造成浪费，增加成本，也可能因负债过多到期无法偿还，增加经营风险；如果筹资不足又会影响计划中的正常业务发展。只有在筹资过程中做到量力而行，才是上策。

3. 保持控制权

决策者为筹资而部分让出原有资产的所有权、控制权时，常会影响自

己的生产经营活动的独立性，引起自己的利润外流，对自己近期和长期效益都有较大影响。因此，筹资一定要保持自己对经营活动的控制权。

4. 以用途决定筹资方式和数量

由于将要筹措的资金有着不同的用途，所以筹措资金时，应根据预定用途正确选择筹资方式。创业初期，决策者要考虑短期筹资方式，以保证资金灵活周转；等企业发展壮大以后，就要考虑长期筹资方式，进行战略统筹规划了。

5. 筹资风险要低

筹资时，必须权衡各种筹资渠道筹资风险的大小。如果采用可变利率计息筹资，当市场利率上升时，那么需支付的利息额也会相应增大；如果利用外资方式，那么汇率的波动可能会使决策者偿付更多的资金；如果有些出资人发生违约，不按合同注资或提前抽回资金，又将会给决策者造成重大损失。因此，筹资必须选择风险小的方式，以减少风险损失。同时，在筹资过程中，还应选择那些信誉良好、实力较强的出资人，以减少违约现象的发生。

6. 筹资要有利于提高自身竞争能力

通过筹资，壮大了资本实力，增强了支付能力和发展后劲，从而减少了竞争对手；提高了信誉，扩大了产品销路；充分利用规模经济的优势，增加了产品的市场占有率。竞争力的提高同商家筹集来的部分资金的使用效益有密切联系，是筹资时不能不考虑的因素。

让人眼花缭乱的资本运作

资本运作是从国外引进的一种新型业态，是以钱赚钱，多层次经济收入的一种资金运作方式。万达在资金运作方面也在不断地摸索着自己的方式，并围绕商业模式进行了一系列资源和运营的优化，使经营利润节节高升。其实，万达的重要资本运作案例是和麦格理的一系列合作，麦格理是引导万达进入国际资本市场的重要角色。由于万达的资本之路还有很多路要走，所以借鉴国际上成功的企业经验是十分必要的。

2005年末，万达曾与澳大利亚投行麦格理银行合作，计划在香港发行总额100亿港元的REITs产品，但经过近一年的运作，终因香港证监会提高REITs门槛而失利。不过，麦格理银行引导万达走上了跨境CMBS（商业房地产抵押贷款资产支持证券）之路，而且CMBS更适合着眼于中长期收入的机构投资者。

在2006年9月，私募发行1.45亿美元跨境CMBS。Dynasty Asset（Holdings）Ltd.（王朝资产控股公司）公司发行价值1.45亿美元的2006-1系列商业房地产抵押贷款支持证券，交易的发起人是麦格理—万达房地产基金。

这项交易是第一笔涉及中国大陆商业不动产的资产证券化项目，由一个国内外的抵押组合对其提供支持。其中涉及了万达九个分布于中国东部数省的大型商业零售房地产项目。该证券的预定期限为2.75年，法定最终期限为5.75年，发行收入用于收购初始贷款人发放的贷款。

　　2005年，麦格理筹集了一笔五亿美元的中国房地产投资基金。后来，麦格理通过银团贷款，向万达集团购买了九家万达商业广场，急需发展资金的万达集团成功套现32亿元人民币。这九家万达商业广场分别位于长沙、大连、哈尔滨、济南、南京、南宁、沈阳、天津、武汉等地靠近城市传统或新兴商业区，并在过去三年中先后投入使用。

　　由万达集团开发的这九个商业地产项目的共同特点是：较高的出租率；较长的平均剩余租约期限。这些商业地产项目的承租人均为国际著名零售企业，如沃尔玛、百盛、百安居等，也有国美电器等内地知名零售商，它们贡献了总收入的58%以上。

　　麦格理之所以斥32亿元人民币收购大连万达这些商业地产，是因为其与万达的交易符合它的全球房地产投资战略原则。从交易主体看，事实上的受让方是麦格理国际房地产投资基金（简称MIREF），共计6.76亿份基金份额。在MIREF的"招股说明书"中，该基金称："重点投资由麦格理银行以及附属单位管理的全球范围内多样性的房地产资产，不仅包括流动性强的REITs、CMBS，还包括房地产实物资产。"

　　以上交易完成后，中国的资产占麦格理整个初始投资组合的5.7%。它实际上拥有注册于百慕大DPIL8.3%的权益，DPIL则全资控股九家注册于毛里求斯的地产控股公司（简称PHC）。而九个PHC直接分别拥有上述九家中国购物中心。其收购资金来源，部分为DPIL的股东贷款。

　　DPIL原是麦格理的全资机构，由麦格理基金管理香港公司管理。MIREF持有DSIL的10%股权，后者90%股权由其他投资人持有。而DSIL持有DPIL83%的股权，后者余下的17%股权则由麦格理持有。根据股东协议，DSIL的目标就是认购DPIL合作成立一个拥有中国物业的REITs。

　　设立DPIL的目的，是为了使它成为运作中国零售卖场以REITs形式上市的一个载体：即将对九个PHC的股权转移给一个新设立的房地产投资信托（ChinaReit）。之后，它拥有的PHC股权将换为REIT单位（大约为股权价值的50%~70%）和现金，它然后再将这些REIT单位和现金分配给它的股东。在ChinaREIT成立后，它还将收购万达正在建立或升级改造的商业零售房地产项目。

当然，收购要严格按照麦格理和万达之间的协议进行。而协议成立也是有条件的，万达只有在持有它承诺数量的REIT单位之后，协议才生效。

原计划募集7.8亿港元的REITs项目运作并不顺利，虽然在2005年年底就已经进入缄默期，却一直没获得港交所的批准。虽然万达商业广场租金水平达到了香港市场REITs6%的平均水平，但那时正处于国家对房地产宏观调控期中，所以REITs上市夭折了。

2006年7月，国家将外资交易纳入行政监管范围，规定外资投资房地产一定要在境内设立公司，并适应33%的企业所得税，而不是营业额15%的留滞税。这份新规定令万达的美好期许大打折扣，因为麦格理将不能以离岸形式收购内地物业，从而享受优厚的留滞税。

如果麦格理因此不再收购内地物业，万达REITs的成长空间就会有限，所以麦格理决定改变它的策略。与此同时，它原来为万达REITs上市运作的主体DPIL也将面临功能的转变。因为只有"轻装上阵"，DPIL才能支付2006年7月份到期的1.5亿美元的银团贷款。

根据麦格理国际房地产投资基金的规定，这笔钱主要应由使用地区的业务单位偿还，以保证各业务区域单位之间的风险隔离。于是，它将贷款的偿还和原有房地产形态的转化巧妙地结合在一起。这样既解除了DPIL的债务，也替DPIL完成了将原来的非流动性房产证券化的使命。然而，麦格理必须要找到新的能够替DPIL还债的主体。

2006年5月，在百慕大成立一家由DPIL全资持有的DPIHL，并于2006年7月从花旗环球金融亚洲和麦格理获得一笔1.5亿美元。然后，DPIHL将所得的1.45亿美元用来收购当初DPIL给PHC的贷款，这样就取得了对于PHC的债权。同时，DPIL也可以利用这笔钱偿还绝大部分债务。

花旗环球金融亚洲和麦格理将1.45亿美元贷款转让给麦格理在开曼成立的一家特殊目的公司DAHL，它是CMBS的发行主体，将把发行所得的1.45亿美元用来收购贷款。这样，它也就取得了对于DPIHL的债权，而DPIHL偿还资金的最终来源将是内地9家万达商业广场租金收益。

由于DPIHL与拥有九家万达购物中心的PHC之间并没有直接的股权关系，需要拥有PHC全部股权的DPIL做担保。但这与DPIL今后的发展定位有冲突。所以，麦格理在产品发行过后要将DPIL进行重组。也就是将DPIL原来拥有的九家PHC股权全部转让给一家新成立的公司DHCL。

在DPIL将全资持有的DHCL股权转让给注册于百慕大的麦格理—万达房地产基金（MWREF）的同时，又将其全资持有的DPIHL股权也转让给麦格理—万达房地产基金。麦格理—万达房地产基金是一个在百慕大成立的批发性房地产投资基金，由麦格理房地产亚洲公司和大连万达发起。其中，麦格理出资9300万美元，占股比24%。该基金收购了万达原来持有的9个商业地产，并计划在将来收购更多的地产。

就这样，DPIL就完全"退隐"了，麦格里—万达房地产基金用九家公司权益做担保，就可以使现有的资产权益与未来DPIL发展获得的权益完全分开，"井水不犯河水"。这样，麦格理—万达房地产基金就成为9家万达商业广场的最终持有人，对DPIHL的资金偿还做担保。

事实上，麦格理通过此次CMBS发行，确定了一个"类REIT"交易结构。只不过这个"REIT"不是一个公募资金的平台，而是只能进行私募的批发基金。这样就不必严格遵守REITs有关投资收益90%要分红的规定，但其性质都是一样的。

虽然疯狂的资本运作让人眼花缭乱，但王健林表示，万达所借鉴的资本运作在国际上是有非常成功的案例的，如LendLease集团、西蒙，还有西田房地产，这些都是国际一流的企业，都是万达学习的好榜样。

资本合作模式多种多样

资金是公司的血液，是公司生命的源泉。在商业活动中，企业可以通过质押，或者经营者良好的个人信誉以及相关企业和部门作担保，来获得银行贷款。

万达是金融改革试点企业，其金融地位在国内的房地产企业中是数一数二的。不仅资本合作模式的形式比较多样，万达还拥有固定的资本合作伙伴。

据了解，万达集团与中国银行、中国进出口银行、工商银行、北京银行和渤海银行等多家银行有密切合作。四大国有银行都曾与万达集团签署过"总对总"的战略合作协议。其中，中国银行、中国农业银行对万达集团贷款较多。

1. 万达与中国银行的合作

2010年，中国银行湖南省分行作为银团牵头行，为长沙开福万达广场项目提供了32亿元的银团授信总量。截至目前，中国银行已经对该项目发放了8.8亿元项目开发贷款和8亿元按揭贷款。同时，中国银行湖南省分行已经与万达集团在湘的各家企业开展了包括项目融资、个人按揭贷款、资金结算、中银保险、个人理财等各方面的业务合作。

2012年，中国银行湖南省分行与万达集团在长沙签约合作。双方就构建长沙商业地产、管理的银企合作新模式达成共识。在探索银行主力商业

地产优化集群式酒店、百货、院线、商业管理的新道路上迈出了坚实的一步，双方将以此为契机，搭建一个充分交流和深度合作的广阔平台。

双方这次签署的全方面合作协议意义非凡。双方在构建全面合作框架的基础上，针对万达酒店、百货、院线及商业管理等各方面达成的合作共识，也为双方加强金融服务引入商业管理模式的合作道路奠定了坚实基础。

2. 万达与中国农业银行的合作。

原则上，商业银行发放的房地产开发贷款只能用于本地区的房地产开发项目，不得跨地区使用。对确需用于异地房地产开发项目并已落实相应风险控制措施的贷款，商业银行在贷款发放前应向监管部门报备。

不过，农总行给央行写了一个报告，把万达和万科两家企业作为中国房地产企业金融改革试点企业上报，并得到了央行的批文，允许这两家企业开展叫做"总行对总部"的合作，贷款可以直接审批，称为"绿色通道"。可以做到异地贷款，不再受地域约束。同时，试点企业还有一个特殊授权"绿色通道"，即单笔贷款在5亿元之内无需审批，两三天就可以批款。这种金融的审批和支持在中国房地产行业是绝无仅有的。

由此可见，一旦成为全国房地产金融改革试点企业，金融管理的最高权威部门给予支持的实际效应是非常显著的。

此外，由于央行金融管理部门金融司把万达列为全国房地产金融改革试点企业，所以四大国有银行中三家银行的总行都给了万达巨额的授信。工商银行总行、中国银行总行、农业银行总行都与万达签署了银企协议。

虽然万达的融资渠道仍旧是以银行融资为主，但万达并没有满足于银行融资。因为其高速扩张的发展，虽然拥有特殊的金融地位，但仍旧坚持金融创新，不断地开拓融资新渠道、新模式。

在万达已经建成的项目中，资产抵押贷款是比较显著的现象。例如，北京CBD万达与石景山万达均采取抵押贷款的方式盘活资金。

万达是国内最早尝试经营性抵押贷款的企业。早在2002年、2003年就与东亚银行等银行搞过经营性抵押贷款。不过，那个时候的万达是被动进行的，当时国内银行不给贷款。等到了2005年年底的时候，四大国有银行才开展了这种业务。

值得注意的是，资产评估做抵押适合传统开发模式。因为传统的开发模式是做项目开发的，还款来源依赖于开发。而租约抵押贷款不同，这种抵押贷款只能以租金作为唯一还款来源，贷款期限长达五年、十年时间。对项目租金资产、安全性的评估、租户评估要远大于对资产的评估。

王健林认为，公司可根据自身的情况采取不同的资本合作模式来筹取资金。那么，融资的合作模式有哪些，又具有怎样的优点呢？

1. 银行借款

银行借款是指公司根据借款合同从有关银行或非银行金融机构借入的需要还本付息的款项。其优点是：筹资迅速，借款弹性较大。

银行借款所办理的手续相对于股票债券等方式较为简单，具有程序简便、迅速快捷的特点。无论是用款进度，还是还款安排，只和某一银行进行协商即可。因此，有利于公司按自身的要求和能力来变更借款数量与还款期限，对公司具有一定的灵活性。

2. 发行债券

债券是社会各类经济主体为筹集资金而向投资人出具的、承诺按一定利率定期支付利息，并到期偿还本金的债权债务凭证。发行债券是公司筹集资金的一种重要方式。其优点是：资金成本较低，保障股东控制权。

债券发行费用比股票低，而且债券的利息费用可在税前支付，使得债券实际筹资成本较低。由于债券持有人并非公司股东，无权参与公司经营管理，只能从公司获取固定利息，所以发行债券不会影响股东对公司的控制权。

3. 融资租赁

租赁是指在约定的期间内，出租人将资产使用权租让给承租人以获取租金的一种契约行为。其优点是：可迅速获得所需设备，增加筹资灵活性。

公司购买设备一般是先筹资后购买，而融资租赁是将融资与购物并

行，公司可迅速获得所需设备投入运营，并很快形成生产能力。与发行债券、长期借款相比融资租赁可避免许多限制性条款，从而为公司经营活动提供了更大的弹性空间。

4. 商业信用

商业信用是指商品交易中以延期付款或预收货款进行购销活动而形成的借贷关系，它是公司间直接的信用行为。商业信用产生于商品交换之中，其具体形式主要是应付账款、应付票据、预收账款等。其优点是：筹资便利，成本低。

5. 发行股票

发行股票筹集的资金属于公司的资本金，它没有到期日，不必偿还本金，可为公司提供长期稳定的资金来源。而且普通股股利没有限定支付的条件，不存在无法偿还的风险。

不过，发行股票成本高，审批程序复杂，发行优先股又有许多限制性条款，还要真实地向股民披露公司的财务等信息。所以，发行股票是一种高成本、低风险，融资方便程度较差的融资方式。

众所周知，商业信用是企业的生命。虽然资本合作模式形式多种多样，但贷款本身不是目的，重要的是项目投资收益，能保证按时还本付息。贷款不能延期更不能欠息，否则就会失去信用。

第四章　找到跟别人不一样的方法

　　万达异军突起，离不开创新经营的策略。对于创新这个概念，王健林的理解很简单：想一个能赚钱的行业和买卖，找到跟别人不一样的方法。凭借这个思路，万达一次次让人惊艳，在创造商业神话的过程中也让王健林有了神一样的存在感。

敢想敢干，敢闯敢试

美国人有句谚语："勇气喜欢跟利益联姻。"美国人的冒险精神由此可见一斑。崇尚"风险越大收益的绝对值越大"的经济学原理，在商业经营中喜欢冒险获取利润是美国人的特点，也成就了他们创新制胜的商业文化。

有人曾对成功人士包括奥运会金牌得主、企业大亨、政界大腕、影视明星等，做过多年的调查研究，最后得出结论：敢想敢闯才是成功的关键。

一直以来，敢于创新是万达文化的首要特点，万达的发展史就是创新史，就是敢想敢干、敢闯敢试。具体体现在：

第一，全国首家做旧城改造。

1988年万达刚创立时，开发房地产首先要有计划指标，拿到指标后才能申请用地。计划指标由国家计划委员会统一分配，大连能拿到计划指标的只有三家国有房地产公司。私企万达没有计划指标，只能花钱向他们买指标，企业在夹缝中求生存。王健林找到市政府，表态说不管项目在什么地方，只要能有活儿干、有口饭吃就行。

当时市政府北侧有一个棚户区，一个大院几十户用一个水龙头，公共厕所掏一次大粪一条街要臭好几天，三家国有房地产公司都不愿意干这个区改造的活儿。于是，市政府就对专门找上门的王健林说，只要你干这个棚户区就给指标，批规划。

当时测算北京街棚户区的开发成本是一平方米1200元，而那时大连最贵的房子只卖一平方米1100元，万达想到了把改造后的北京街小区卖1500元一平方米的办法，在棚改项目中做了几点创新：①全部采用当时很少见的铝合金窗；②每户都安上当时刚刚兴起的防盗门；③当时住宅房型没有明厅，就每户设计一个明厅；④当时大连市副局级以上干部住房才配洗手间，万达给每户都设计一个洗手间；⑤当时大连市处级干部住房面积标准为70平方米、局级干部住房面积标准为90平方米，而北京街小区最大的三室两厅面积做到了150平方米。

现在看来，万达的这五点创新是小儿科，但在那个年代却是"核武器"。北京街小区推出一个月，800多套房子就全部卖完，每平方米均价卖到1580元，创造了大连当时的房价纪录。万达因此成为全国首家做旧城改造的企业，从此走出一条发展道路。

第二，全国首家工程质量奖励制度改革。

1990年，万达开发大连民政街小区。当时国家规定，做到市优工程每平方米奖励2元，做到省优工程每平方米奖励4元。为鼓励施工单位创造优质工程，万达改革奖励制度，将优质工程奖金提高三至五倍，大大激发施工队热情，使民政街小区成为中国第一个工程质量全优小区。

第三，全国首家跨区域发展。

1993年，万达走出大连，到广州开发。当时的广东人看北方人都是乡巴佬，北方企业能去广州做项目就已经很了不起了。万达不仅去了，而且还赚到了钱，获得了跨区域发展的宝贵经验。

第四，全国首家开发商业地产。

2000年，万达进军商业地产，经过十几年的发展，目前已成为世界级不动产大佬，自持物业面积达到1300万平方米，位列世界第四；到2015年，万达将成为排名世界第一的不动产企业。

第五，全国首家成立奢华酒店管理公司。

此前，我国还没有一家奢华酒店管理公司，这一市场一直被跨国公司

占领。万达决定成立自己的奢华酒店管理公司，相信五年左右，万达奢华酒店管理公司一定能站住脚；十年左右，会成为令跨国酒店管理公司害怕的竞争对手。

第六，全国首家规模投资文化产业。

万达集团不仅是全国首家大规模进入文化产业的民营企业，也是全国所有企业中文化产业投资最大的企业。

研究者指出，在成功者和其他人之间有一条明显的界线，不妨称其为"成功的边缘"。这个边缘不是特殊环境或是智商差异的结果，也并非教育优劣或天赋有无的产物，更不是靠什么天时地利来成就。其实，跨越边缘的关键就是敢闯敢试、敢想敢干的态度。王健林认为，敢想敢干、敢闯敢试是成大事者的良好品质。公司的领头人要具备这样的良好品质，必须按照以下几点来做：

1. 敢想

想是行动的先导，要敢于大胆设想、激情畅想、不断联想，做到想象丰富，"无中想有"、"小题想大"、"老题想新"，就是说要始终坚持思考、坚持动脑筋、坚持设想，如果连想都不敢想或者根本想不到，那就无法获得成功的机会。

当然，这个"想"不是胡思乱想，不是自己想当然，而是在把握事物发展的规律、把握全局发展时机的基础上，顺势而"想"。在看似不可能的情况下"无中生有"，把不可能变成可能。

2. 敢干

干是落实"想"的关键。想而不干是空想，干而不想是蛮干。敢干的核心就是不怕担风险、不怕担责任，就是敢于正视发展中存在的最大困难和最尖锐矛盾，用实实在在的行动把设想落到实处，让"花落有声"。

具体体现为：一是咬定目标不放松。就是所谓"只修改过程、不修改目标"，认准了的事一抓到底、一盯到底，不动摇不松懈；二是不求实效不罢手。在追求目标的过程中，以务实的精神把各项工作做实做细，以真抓实干落实"设想"；三是不畏艰难，敢于迎难而上。

3. 敢闯

敢闯是敢干的补充，埋头干和往前闯互为补充、相得益彰。敢闯的核心要义是大胆闯、大胆试，允许"摸着石头过河"，允许有失误，但不允许畏首畏尾、裹足不前。敢闯体现的是"尝试性原则"，敢于去试验、敢于去摸索。

因此，要想取得高额利润，推动公司发展，公司的领头人一定要敢闯。但要分清敢闯与鲁莽乱闯的关系，要分清楚什么是勇敢、什么是无知。无知的冒进，也就是乱闯，只会使事情变得更糟。

4. 敢试

那些事业毫无起色的人通常都有这样的念头："我这个想法绝对可以挣大钱。但以我现在的实力实现起来很困难，根本就不可能成功。"同时也就选择了与成功擦肩而过，留下的是终身的遗憾。

而优秀的大老板在遇到机会的时候，往往会说"试试看"。诚然，试试看，并不等于成功在握，但是不敢试或者不去试，却绝对预示着成功无望。因为无论多么可喜的成功，第一步往往踏在"试试看"的跳板上。

可以说，"试试看"是一种开始、一种转机，是对旧我的扬弃，对未来的宣言，是战胜自卑、大胆参与、走向成功的阶梯。

一个企业的成功是很难找到规律的，许多时候成功都与机遇有关。但失败是有规律的，那就是超越了自己的能力。要在自己能力范围之内吃螃蟹，好比瓮中捉鳖。这样的人既有胆识、有眼光，同时做事又很稳妥，哪有不成功的道理？

因此，企业领导人应该以自身知识与经验为后盾，时刻以"敢想敢干，敢闯敢试"激励自己，凭着高屋建瓴的远见卓识为企业寻求更好的发展空间。

保持"雁阵模式"的默契

　　每年深秋，大雁都会排着整齐的队伍，由北而南开启团队的生命之旅。经过长期的考察，科学家发现：大雁南飞的时候总是排成规则的"人"字形，前面的大雁每扇动一次翅膀都会为后面的大雁产生一股向上的动力。雁群一起飞行，可以比单只大雁增加至少71%的行程；当领队的大雁感觉疲惫时，会有另一只大雁接替它领队的位置；当一只大雁掉队或受伤，会有两只大雁离开队伍陪护它，直到它可以重新回到队伍或者死去。

　　把大雁飞行中合作的智慧放到企业经营中来讨论，可以称之为"雁阵模式"。比如，各部门负责人的主要任务是思考问题，并独立找到问题的解决方案；然后，通过授权运用可支配的资源开展工作。任务开始前，他已经训练好了有素的执行团队、准备了完善务实的数据、可操作的工作计划，甚至做了备用方案与紧急预案。当一个任务、一个指令下达时，第一责任人便是企业的头雁，作为护卫雁的其他部门步调一致，通力配合。同理，在某一团队中，成员之间也应该保持着"雁阵模式"的默契。

　　万达不仅在团队管理上采用了"雁阵模式"，在商业布局上也同样采用了这种模式，以此达到带动商业片区的目的。2012年，正在建设的东莞长安万达广场位于长安镇霄边村建筑面积达37.4万平方米，包括大型商业中心、商业步行街、高级商务酒店、高档住宅等，共投资150亿元。长安万达广场是继广州白云万达广场之后，万达集团布局珠三角的第二个项目，也是万达在东莞的首个项目。

万达集团作为国内持有商业地产面积最大的公司，长安项目也将继续保持着自持和销售两种开发模式。其中大型商业中心、酒店是自持物业，步行街、住宅这两部分会对外销售。对所在城市来说，万达广场的商业带动能力是受到业内深度认可的，长安万达广场的开业也会把西南片区带入一个新的商业年代。

事实上，在万达集团拿下该项目地块之初，曾有业内人士质疑：东莞商业面积早已饱和，长安消费力是否能够撑起万达广场这么大的商业体量？对此，万达营销部人士表示：长安镇是东莞经济最早发展的区域之一，也是东莞的领头镇区。其与东莞虎门、深圳沙井、松岗相邻，长安万达广场的吸引力不仅限于长安镇内，周边镇区甚至深圳人都是万达的目标客户。

缺乏大型购物中心是长安商业发展的短板，也是东莞商业发展多年的瓶颈。万达入驻长安镇后虽未能对全市商业格局起到根本的影响，但至少对西南片区的商业发展带来新的契机。除万达广场外，与其相隔不到两公里的万科广场也正在加紧建设中。未来"西有万科、东有万达"的商业格局是长安的商业蓝图，万达、万科两大城市综合体的入驻将为东莞西南片区带来商业格局根本上的变化。

如果万达在成功进军长安后，能够成功进军东城、虎门等区域，那么从商业格局的发展来看，品牌商业地产的加盟东莞大商业规划无疑会从整体上升级商业地产。

"雁阵模式"在带动周围商业片区的作用上是显而易见的，那么，对于企业管理方面又有哪些好处呢？概括起来，可以总结为以下几点：

第一，"雁阵模式"体现了合作共赢的优良企业文化，能最大限度地提高成员的工作热情，激发员工的责任心、创造力，让企业与个人和谐双赢。

第二，"雁阵模式"强调生产力，而不是个人头衔的高低。在组织内部按任务分工，打破了层级观念，显然更利于实现企业经营目标。

第三，对团队来说，大家轮流干最艰苦的事是最划算的。显然，"雁阵模式"实现了这个目标。其中，领头的"呆头雁"为了大家牺牲个人利益，是一种工作需要。并且，大家都轮流扮演这个角色，组织就实现了共赢与多赢。

第四，"雁阵模式"会复制出更多的领导者，让每个人都有展示个人才华的机会，从而为企业长足发展奠定人力基础。

第五，"雁阵模式"有助于提高企业的快速反应能力。事实上，无论来自哪个方面的指令，一旦发布就必须得到有序、高效的回应。"雁阵模式"的协作精神要求大家必须高效执行。

"雁阵模式"意在鼓励、致力于培养部门领导、甚至每名员工，成为拉动企业前进的头雁。当你是头雁时，你就是企业的主角，无须听从别人的发号施令，你有权利也有义务就这个任务调动相关资源，其他人、甚至包括总经理都将以你为圆心、以该任务达成为目标，协同作战；需要你做尾雁或者陪护雁，你就要以他人或者团队的成绩为荣，充当好配角。

其实，"雁阵模式"无论是用于带动商业片区，还是用于企业管理，其目的都是为了更好、更快地推动商业进程。在企业管理中，"雁阵模式"几乎解决了令人恼火的、非市场因素的大部分难题，是一个比较理想的经营状态。但人和大雁有着本质的区别，人性中的劣根性将成为"雁阵模式"实现的重重阻碍。

王健林认为，建立"雁阵模式"的关键一是建立每个成员确信的、可望可及的企业目标；二是拥有卓越的领导者。那么，谁是卓越的领导者呢？大多数人认为，领导者应该获得更多的追随者，只有少数人认为他们应该成为领导者的领导者。而这些少数人就是卓越的领导者。

值得注意的是，总经理不是企业的头雁，他是培养、训练头雁的人，他是造就领导者的领导者。在企业里，如果总经理不能成为培养领导者的领导者，就只好自己承担头雁的角色了。这时的总经理如同一个救火队长，各个部门的事情都要过问，他一边抱怨，一边奔波在各个部门的一线。

而真正的领导者则喜欢透过现象看本质，别人的意外之事全在他意料之中。可以说，要想做一个卓越的领导者，首先得知道一个组织想要什么，然后能够让这个组织中的每个人像自己一样奉献热情与能力。唯有卓越的领导者才能训练领导者，他勾画了蓝图，鼓励、号召具有同样志向的人一起干。

在此进程中，新的领导者也会成长起来。领导者周围的潜在领导者会有意无意地模仿领导者的思维与行事，一群具有领导者气质的人组成的团队更将持续复制新的领导人，为推动企业的发展进程共同努力。

总之，万达在商业布局及企业管理方面对"雁阵模式"的成功采用，的确能够更好、更快地带动其商业进程，实现其伟大梦想。

集聚效应带来无限商机

近年来，"商业组合体"开始闯进人们的视野，它无与伦比的集聚效应是实现土地价值最大化的一种形式。不仅可以丰富产品业态，还可以带动当地就业，拉动当地消费，甚至大大提升城市形象和经济发展水平。

北京万达广场总规划占地逾10公顷，总建筑面积超过48万平方米，位于CBD核心区，国贸桥东300米，与国贸大厦、摩托罗拉大厦、惠普大厦、京广中心、CCTV、BTV毗邻而居。其组成包括大型购物中心、风情商业街和城市中心华宅，涵盖购物、休闲、餐饮、娱乐和居住等功能，是复合性极强的城市综合体。

北京万达广场项目通过"订单式地产模式"与世界500强以及全国上百家品牌商家强强联手，汇聚众多知名品牌店，更齐聚沃尔玛、国美电器等主力店，涵盖吃、喝、玩、乐、购、住、行，打造多元化、多样性、一站式的商业中心。

商业地产经营的核心是人气，尤其是对于一个新开项目而言。而人气是可以通过差异定位、功能组合、商业规划、业态划分、商家组合、环境营造、促销活动等拉动的。这就要求商业项目在功能定位上应做出特色，避免千篇一律、同质化竞争；在业态划分和商家组合上应尽可能多元化。在综合满足购物、休闲、餐饮、娱乐、文化、旅游等多功能基础上，每一种功能里面根据实际需求选择不同商家，如餐饮可选择快餐、中餐、西餐、特色餐饮，休闲娱乐可引进KTV、影院、电玩城、儿童游乐场等实现关联消费、交叉补偿的作用，尽可能消除同质竞争，实现业态互补。

许多开发商以为找个好地段、盖一栋楼、引入类似于沃尔玛这样的大型超市，就可以获得可观的利润。但事实证明，如果不从商业生态链上考虑项目的规划与经营，就会陷入一种难以预料的失控状态之中。万达以自己多年的商业地产开发经历验证了这一点。

在十多年前开发第一代产品"单体店"时，万达就开始考虑商业生态与商铺增值之间的辩证关系了。万达主动与世界500强企业签约，通过沃尔玛等主力店入驻，进而拉动小商铺的售价而获利。虽然那时的万达并没有过多地考虑商铺后续的经营、管理，但它与世界500强企业签约的做法在当时却是一个创举。然而，"订单模式"虽可让万达很快回笼资金，却让店铺经营者陷入困境。

由于第一代产品主力店的示范效应超乎想象，所以导致商铺供不应求、售价节节高升。又由于开发商、商铺投资者和商铺租赁者的利益是捆绑在一起的，所以万达让租赁者承担过高租价的做法难以为继。

之后，万达的第二代产品"商业组合体"弥补了第一代产品在商业形态方面的缺憾。虽然试图以6~8家主力店为小商铺营造出浓郁的商业氛围，进而扭转了"商业生态链"失衡的局面，但依然改变不了小商铺租赁者"惨淡经营"的现实。

从某种程度上来说，商业是此消彼长的零和游戏。万达在商铺销售上获得的利润越高，小商铺经营者的生存空间就越小。一旦忽视了这一商业本质，无论如何对项目形态做出改变，都无法避免与小商铺经营者争利的局面。

其实，商业生态关系很简单，就是让所有的利益相关者都能赚到钱。经过精心设计后，万达第三代产品"城市综合体"应运而生。万达通过出售"城市综合体"里的住宅、写字楼快速回笼资金，商铺、酒店只租不卖，用来抵押以获得银行贷款。这些钱除了开发新项目外，还有一个重要的用途——养铺。这样，万达就不必靠卖商铺赚钱，而商铺租赁者也不必

为早期的高租金而担心。

万达第三代产品是综合体，业态组合非常丰富，代表了未来商业地产项目开发的主流方向，为其创造了不菲的商业价值。业态组合就是指综合体或购物中心根据自身的定位，确定商业业态的种类、每一种业态在购物中心的分布及分配比例的过程。

王健林在万达商业地产项目业态的规划中，运用了六大基本原则：

1. 业态组合是动态的过程

综合体内的业态刚性很强，有很高的稳定性，而购物中心内的业态则会有较大的弹性。在购物中心发展的不同时期，由于其面临的任务与挑战不同，所以业态和品牌作为实现目标的工具也会有变化。

购物中心开业初期更多的是关注其整体品牌的知名度以及项目对周围消费群体的吸引能力，在业态规划与配比上多会考虑那些能迅速促进"稳场"与"旺场"经营的业态与品牌。

2. 定位优先

单个综合体或购物中心的业态组合必须服务于公司整体战略的发展要求。购物中心业态的选择与配比规划必须符合城市综合体的整体定位，以满足商家的经营需要和消费者的消费需求。其定位包括三个层面：

目标客户群的选择：位于不同类型的城市或者城市不同区位的城市综合体，其目标消费人群的结构、消费能力以及消费倾向会有所差别，这就会影响到综合体（尤其是购物中心）内商业业态种类的选择及各业态的配比。

整体的功能性定位：即判断综合体（购物中心）要实现哪些基本功能。位于不同城市区域的城市综合体由于区位特征不同，其承载的基本功能及扮演的角色也会有较大的区别。

规模选择：城市综合体（购物中心）的面积大小及横竖向空间结构。

3. 业态相关性

业态的相关性是确保客流动线流畅、提升总体销售收益的重要途径。各业态间能否有效互融，关系到购物中心的消费舒适性及流畅性，又直接影响到顾客在购物中心逗留的时间及消费的总客单价。

一般情况下，业态的互融相关性须从两个角度考虑：功能互补性。各自有明确的功能特征但又互融成为一个整体；目标客群的一致性。特定目标客户群的消费需求有比较强的系统性。购物中心可以根据不同客群的消费特征在购物中心内建立不同的消费主题区，然后再根据客户群的需求组合各功能业态。

4. 功能性选择是基础

综合体立地条件、周围的商业环境以及竞争态势不同，其功能结构也将有所区别。位于城市中心区的综合体的购物中心、写字楼、酒店、公寓等业态的比例相对比较均衡；位于市郊综合体的住宅、购物中心等业态比重则较大；位于城市中心区的购物中心的购物、餐饮、休闲娱乐等功能业态相对突出。

5. 注重空间资源的约束性研究

购物中心在进行业态规划的过程中，必须时刻面对空间资源的约束：如何利用有限的租赁空间创造更多的长期投资价值？这需要在目标客户群和相关业态的选取上有所取舍，并根据市场的需求适时调整。

6. 注重长期租金的回报能力

长期租金回报能力的评估是业态和品牌规划的前提，各业态的行业盈利能力是重要参考，不同业态的行业平均盈利能力存在着很大差别。

一般情况下，低毛利业态的客流带动能力比较强，而高毛利业态承受租金的能力较强，但客流量有限。大众型购物中心需要在高毛利业态和低毛利业态方面进行平衡，通过低毛利业态拉动客流，利用高毛利业态获取租金。

王健林认为，真正意义上的城市综合体是城市商业的组合体。应根据不同城市的特点、所处区段的差异来构建不同功能的商业组合体，可以包括写字楼、公寓、酒店、购物中心等。商业组合体能够带来丰富的产品业态，会集聚更多的人流、资金流，并带来无限商机。

城市综合体改写商业地产发展进程

　　城市综合体是将城市中的商业、办公、居住、旅店、展览、餐饮、会议、文娱和交通等城市生活空间的三项以上进行组合，在各部分间建立一种相互依存、相互助益的能动关系，从而形成一个多功能、高效率的综合体。它基本具备了现代城市的全部功能，所以也被称为"城中之城"。

　　齐齐哈尔万达广场坐落在美丽的鹤城、黑龙江省第二大城市齐齐哈尔，由大连万达集团投资建设，是万达集团在黑龙江省开发的第五座万达广场。项目占地面积12.47万平方米，规划建筑面积55.35万平方米。

　　齐齐哈尔万达广场是集超大型购物中心、五星级酒店、室内外商业步行街、万达影城、大玩家、大歌星、必胜客欢乐餐厅、麦当劳、高档住宅及高端写字楼等多种业态，集购物、休闲、餐饮、文化、娱乐等多种功能于一体，是未来黑龙江西部地区唯一的超大规模的城市综合体项目。

　　齐齐哈尔万达广场是鹤城首个大规模城市综合体，总投资48亿元，商业地产首屈一指。建成后将成为黑龙江省西部地区、内蒙古北部地区和吉林省西部地区的商业核心。

　　万达城市综合体是在万达集团多年经营商业地产的基础上，持续发展并逐步完善起来的核心产品，一般规模在35万平方米以上。如果要用万达给中国商业地产画个历史性节点的符号，那就是万达在中国独创了城市综合体开发。

1988年王健林介入房地产开发；1992年成立万达集团；1998年后进入跨区域发展；2001年开始摸索商业地产；2005年开创"城市综合体"模式；2012年征战全国50余城……回望身后那条曲折又近乎神奇的成长曲线，万达涉足商业地产的十余年不仅见证了中国房地产的不断发展，更改变了中国商业地产的发展进程。

商业地产作为万达集团的第一支柱产业，以其领创的"订单式商业地产"模式叱咤中国。十逾年间，万达让它所在的每一个城市沸腾，并发生翻天覆地的改变。在经历一代单店、二代组合店、三代城市综合体的连续升级之后，万达集团已然成为中国商业地产行业的领军企业。

万达城市综合体在一线城市的发展趋势是从城市中心区向城市副中心转移，从城市副中心向城市近边的大社区中心转移；在二线城市的发展趋势是从每个城市一个城市综合体向多个综合体转移。现在，全国几乎所有省会城市都有万达广场，甚至很多二线城市达到两三个万达广场；在三线城市的发展趋势是从不进入三线城市到进入三线城市并逐渐向更多的三线城市发展；在四线城市的发展目前还没有计划，因为四线城市的消费能力还不能达到万达的要求。

目前，万达集团持有物业面积达903万平方米。万达集团企业资产达2000亿元，年销售额1200亿元，年纳税200亿元，成为世界级的企业集团。

万达广场不仅为市民提供了居住、消费、娱乐的场所，还为商家提供了经营、赚钱的机会，这些都有力印证了万达城市综合体的特有价值，真正实现了与政府共同推动城市升级、社会进步、共创财富、公益社会的目的。

事实上，万达广场拥有多种物业类别和多种商业业态，已经毫无争议地带动了周边经济的发展。不仅成为区域规划中的领袖板块，领涨周边土地价值，同时解决了大量就业、创造税收，逐渐为城市构筑了一个新的城市中心，成为当地的标志性建筑。

在业界甚至有这样的看法：如果你想在某个陌生城市中迅速找到最繁华的地方，一个快捷的方法就是找到当地的万达广场。如今，万达已经和

沃尔玛、家乐福、百安居、百盛、新世界、国美、苏宁等知名企业签订了联合发展协议，将万达广场打造成集商务、办公、休闲、购物、会议、居住等城市综合体。随着城市的建设，城市综合体的运营，万达广场将迅速成为人流、财富、商机的聚集区域。

与此同时，万达集团商业投资整合优势也日益凸显。按正常商铺经营规律，普通的商铺至少要培育三年、稳定三年，然后才会成为旺铺。而万达广场建成后直接由开发商全面管理经营，各业态同时进驻，商场店铺同时开业，大大缩短了项目招商和培育市场的周期，使项目的影响力迅速扩大，短期内成为成熟的商圈，各项物业均可获得巨大的升值空间。

万达广场用一流的商业运营经验管理一流的商业品牌，成就了一流的繁华商业，其战略性提升和规模化扩张城市已经将万达广场与"城市中心"、"繁华商圈"画上了等号。

可以说，城市综合体开发不仅是一个地产模式，更体现了城市发展和运营的问题，是地产开发的高级模式；不仅将不同的业态融为一体，形成了良好的互动作用，还用建筑功能分区实现综合体的划分和互动。

其中，以全新理念打造的商业室内步行街使商业中心内的各主力店和中小店铺有机相连，引导商业中心顾客合理流动，满足消费者休闲、购物、娱乐为一体的"一站式消费"需求，成为商业中心的灵魂与纽带。最重要的是，万达的开发应和了政府发展规划，所以迅速获得了政府的支持。

万达综合体能够迅速取得成功得益于其创新模式。现代都市中，习惯快节奏的人们需要在一个方便、快捷、经济、集多种功能于一体的综合空间里，享受高效率的生活和工作。王健林敏锐地抓住了这一点，大胆地对商业地产进行了创新，于是城市综合体便应运而生了。在他看来，城市综合体的出现是城市形态发展到一定程度的必然产物。因为一个企业只有不断选择新的有生命力的商业模式，才能保证业务发展的连续性，才能使企业在现有业务衰退的情况下仍然保持增长的动力。

由于市场发展瞬息万变，所以企业领导者须审时度势，提高市场应变能力，对现有的商业模式提出改进意见，对新的商业模式提出创见。而这离不开科学的市场预测，至于如何做好市场预测，王健林认为中国商人讲究的"商贵三通"很值得借鉴：

1. 通生产

对整个生产形势变化了如指掌，掌握供给，以利销售。"柴贵荒年到，米贵熟年来"，"凶年之后，必有熟穰"，依据"待乏"原则，低价购进，高价售出，赚取中间利润。

2. 通季节

市场是需求的总和，季节不同，需求有别。"冬至年画到，小暑买镰刀"，"歉年车马铺，丰年纸成行"。做生意就是要知天文地理，晓风土人情，"水则资车，旱则资舟"，"冬则资衣，夏则资裘"，要根据季节变化提前组织营销。

3. 通行情

熟悉行情涨落、价格变动，就会依据价格反弹取得营销主动。只有掌握了"贵极则反贱，贱极则复贵"，"贱取如珠玉，贵出如粪土"的法则，方能在商业经营中如鱼得水，左右逢源，实现"宝肆宏开，财源不涸；陶朱猗顿，指日可待"的期盼。

总之，一个企业的兴衰固然与其客观因素有关，但观念意识跟不上发展，不能适时地改变和调整自己的经营模式、策略是失败的主要原因。正所谓没有疲软的市场，只有落后的观念和思想，可见，创新模式是一个企业能否处于行业领先位置的关键。

执行力是最根本的财富

在许多人看来，房地产是一个开发周期较长的行业，从拍下土地到建设再到正式开售，至少需要一年以上时间。遇到市场不好的时候，开发商更是按兵不动，将土地屯起来。而万达却坚持将其开发周期控制在18个月，以其近乎夸张的速度带动了其所在区域的快速建设。

2012年5月24日，万达在佛山竞得金融高新区地块。在其拿地之初，就已确定将在2014年年底全面开业。面对这样的"豪言壮语"，即使是了解"万达速度"的人也难免觉得有点不可思议：总建筑面积逾70万平方米的大型城市综合体如何在一年半之内建设完毕并实现全面开业？对于人们的质疑，万达用自己的"速度"作出了回答：

2012年8月31日，南海万达广场举行奠基；9月8日，正式开放销售中心；10月16日，首次开售商铺，开售当天即售罄……虽然万达相关负责人一直强调，这并不是万达史上的最快速度，万达曾有8个月就有项目建完并开业的记录，但万达要在佛山的18个月内将建起一个综合体，无疑刷新了佛山的纪录。

可以说，万达的成功得益于其将开发周期严格控制在18个月。一般情况下，万达从拿地到开工，不超过四个月（万达一般不进行土地储备），到正式开业不超过18个月。这样快的开发周期就决定了万达的招商周期不可能太长。

假设18个月为开发周期，主力店进场准备，超市和餐饮一般是5个月，就是18个月－5个月＝13个月，签合同、技术对接再减3个月，再减掉前面做2个月左右商铺的积累、沟通、市场调研，每个项目的招商周期只有6~8个月。对万达的招商团队来说最宝贵的就是时间。

万达抢时间的经验：项目从拿地开始就已经做规划方案。万达的项目规划都采取产业化生产流程，项目规划就像工厂组装产品一样，很短时间内提交成熟的规划方案，减少了大量前期论证、比较和决策过程。

而且，对于每个团队的进场、装修等事宜万达也有严格的要求，必须要在开工前基本上签完所有的主力店合同；在施工图完成前必须签掉两个业态的合同，一个是超市、一个是餐饮，如果这两个业态没有做下来就开始打桩施工，进来的商家肯定要改设计图纸，那样的话会多花上千万元的成本。

为了实现高速运转、拿地快、开盘快的发展目标，万达形成了"建成即开业，开业即满铺"的格局。这种格局的商业考虑是：项目同期开业，造成一定社会影响力，便于项目营销，并取得强烈的社会关注度。在短时间内，快速汇聚人气，培养消费群体，为项目奠定坚实的基础。开业即可整体投入运营便于企业交接管理，开业即产出，资金回笼速度加快。

此外，18个月的开发周期与中国政治环境存在紧密联系。中国当前政治环境下，一个商业地产项目不仅是项目，也是一项政绩工程。由于中国各地政府一届任期是5年，所以18个月建成开业的速度切中了政绩工程，用时间切中需求，使本届政府可以在任期内自己栽树、自己摘果。这也是万达能够以如此快的速度在全国不断开发、建设、开业、攻城掠地的深层次原因。可见，一个商业地产项目，不仅要讲经济，同时要讲政治。

作为当前中国商业地产第一品牌的万达，将开发周期控制在18个月的秘诀是什么呢？王健林认为，首要秘诀是执行力。再好的发展战略也要靠执行团队去实现，一个良好的执行团队不仅是在行动上的执行，而且是在思想上贯彻执行。从思想和行动上进行统一，不折不扣地完成任务。

执行力就是保质保量地完成自己的工作和任务的能力，也可以说是按

时按质履行好自己的工作职责的能力。有的企业管理专家认为：一个企业的成功30%靠的是战略，30%靠的是运气，另外40%靠的是执行力；也有专家认为：三分战略，七分执行。不管哪种说法，都是把执行力摆在了比较重要的位置。可见，执行力对一个企业的生存和发展具有重要的现实意义。

执行力包括三个核心：人员、战略和运营。人员，就是用正确的人做合适的事；战略，就是做正确的事；运营，就是把事做正确。三者相辅相成，缺一不可。那么，如何提高执行力呢？

1. 高度重视对员工综合素质的培养

企业要适应当今社会快速稳定发展的高要求，加强对员工心理、业务、文化等综合素质的培养，为提高全员执行力奠定素质基础。综合素质包括较强的业务技术和安全意识、工作效率的高低、工作任务完成的好坏、较强的责任心和良好的心态、较高的文化素质等。

2. 组织建立好正常的管理秩序和生产秩序

一个企业必须首先建立好正常的管理秩序和生产秩序，把管理界面划分好，把工作职责确定好，把生产管理的流程梳理好，把有利于安全生产的规章制度和长效机制建立好，把日常的管理行为和作业行为规范好。这样，企业的日常生产工作才能得以有条不紊地开展，工作效率和执行力才能得到提高。否则，整个企业的生产和管理就会显得混乱，别说工作效率低，可能连许多工作都做不好，就更谈不上执行力强了。

3. 树立"严、细、实"的工作作风

员工一定要树立"严、细、实"的工作作风，其目的是要求每一位员工必须以精益求精的严谨态度，高标准高要求约束自己，细化管理，落实责任，精心工作，扎实做好安全生产的每一项工作，使企业得以持续、安全、健康、稳定和快速发展，这样才能真正体现出企业较强的执行力。

4. 干部员工要充分认知自己所扮演的角色和应担负的重任

每一位干部员工都要清楚自己到底要为企业做什么？到底要为企业负什么责？怎样才能按企业的要求去执行工作的每一个环节？怎样才能执行好工作的每一个环节？每一位员工只有都清楚了这些，下一步才能更好地

128

制定目标，制定和落实好保证目标实现的措施，到位做实，扎实做好各项工作。

5. 领导干部身先士卒、率先垂范，真正起到模范带头作用

推行全面责任管理、全员业绩考核工作，意在强化员工的责任意识、对标意识、创造意识，增强执行力、履职力和创造力，以确保各项目标任务层层分解到位，岗位目标责任人人落实到位，考核激励逐级兑现到位。这里面包含了责任和执行力的问题，责任是关键、是前提，没有责任谈执行力就如同空中楼阁。要牢记"领导就是责任"的含义，各级领导必须首先强化责任、落实责任，切实增强领导执行力，真正起到模范带头作用。

6. 加强有效的沟通

沟通就是生产力，沟通是管理的灵魂，有效的沟通决定管理的效率。在我们的实际工作当中，加强沟通显得至关重要，沟通不好则往往容易产生各种各样的不良后果，如下级对上级的意图没有领会清楚，往往就把事情做得不如人意；有时相互之间沟通不好或根本就不沟通，出点问题，则往往造成相互指责、相互猜疑的后果；平时工作中，由于沟通不畅，协作不好，则往往造成工作效率低或完成工作任务较差。只有加强有效的沟通，才能提高工作效率，才能把我们的工作任务完成得更好。

7. 营造团结协作、积极向上和凝聚力较强的企业文化氛围

只有在企业营造团结协作、积极向上和凝聚力较强的文化氛围，才能使执行力的问题得到足够重视，也才能把提高执行力当作经常化的工作来抓好抓实，企业的发展才有希望。

一个企业的执行力强弱，需要有人去监督、评价和考核，通过评价考核来促进执行力的提高，形成一个良性循环。可以说，万达最根本的财富就是它的执行力，万达真正的成功内核在于能够把想法贯彻下去，让想法变成现实。王健林的从军经历及他所贯彻的"万达是一支军队"的文化，是具有良好执行力的前提。快速拿地、快速开发、快速开业可以使集团加快现金周转，更快地获得租金收入，使万达项目一直保持高效率运作，最终使整个企业快速扩张。

文化旅游城带来产品升级

从世界范围看，文化旅游项目对于区域发展通常体现在两方面：一是价值。主题乐园、秀场、影视乐园等真金白银的投入会极大提升区域升值；二是综合配套建设。游客纷至沓来，必然要求政府在市政、配套等方面继续加大投资砝码，营造更好的环境。因此，旅游产品的建设，是旅游产业发展的关键。

当下产品的定位，已从产品功能、价格竞争、市场细分及分销机制等营销策略转向对消费者心智资源的占有和控制，培养消费者在产生消费动机之时，就对自己的产品产生心理的接受与情感的认同。由于旅游产品在本质上是一种精神文化的消费产品，因而其产品的科学文化内涵能够带来产品升级，也是其核心竞争力的重要组成部分。

万达文化旅游城是万达集团拓展文化旅游产业领域的新品牌。2013年4月28日，哈尔滨万达城开工仪式在松北区盛大举行，随着东北最大的文化旅游项目正式落户哈尔滨松北区，松北区乃至哈尔滨的文化旅游产业都将迎来又一个机遇。

哈尔滨是一座具有丰富文化资源的城市，文化底蕴深厚。与国内其他大城市相比，哈尔滨具有独特的文化禀赋和品位，具备了在新一轮竞相发展中扬帆远航的机会和实力。目前哈尔滨市文化产业仍处于起步阶段，抓住文化大发展机遇，实现哈尔滨从工业城市向文化旅游城市的转变，是冰城崛起的关键。

哈尔滨万达城项目是万达集团投资200亿元，研发4年多的创新产品，是万达集团在全世界首创的特大型文化旅游商业综合项目。旅游资源全面超越迪斯尼，两大室内主题乐园，一个室外主题公园，打造东北休闲旅游中心。具有项目创意世界唯一、设计团队大师组合、万达拥有知识产权三大特点。

2017年，项目建成开业后可同时容纳五万名游客，日最大接待量10万人次，预计年接待游客2000万人次。直接创造三万个就业岗位，预计年收入60亿元，年纳税超过五亿元。

哈尔滨万达城创造了一种龙江前所有未的快乐生活和休闲理念。一座汇聚全球顶级文化、旅游、商业、酒店的全能之城即将在冰城诞生。建成开业后将改变哈尔滨城市定位，重新定义冰城乃至黑龙江省的文化、旅游、商业、生活中心，对哈市旅游产业发展起到快速拉动作用，并将催生多种现代服务业的产生、集聚和发展，极大提升哈市的城市功能和品位，成为东北乃至中国文化旅游新品牌。

王健林认为，产品不等同于品牌，产品与品牌的一大不同之处就在于，任何一个产品都有一个生命周期。

在不断变化发展的激烈市场竞争中，任何一个经久耐用、货真价实的产品都不可能永久畅销、长盛不衰，任何一个产品都需要经历从导入期到成长期，再到成熟期和衰退期这个生命周期。而品牌的发展规律不等同于产品的生命周期，一个品牌一旦建立，便在消费者的心中代表了某种价值认知。只要你善于对这个品牌进行维护和提升，那么这个品牌将具有顽强的生命力，并不受国度和时空的限制，不受产品生命周期的限制。简而言之，任何一个产品终有被取代、走向消亡的一天。而一个品牌只要进行精心的维护和提升，就有可能实现基业长青、长盛不衰，并发挥出持久的光芒。事实上，我们都懂得对品牌进行维护和提升的重要性，但如果产品缺乏创新、跟不上时代发展的步伐就会影响到品牌。由于产品与品牌是一种相辅相成的关系，所以产品的升级换代、市场份额的扩大、知名度和美誉

度的提升，都有助于品牌形象的提升，都能够为品牌加分。反之，如果产品跟不上时代发展的步伐、市场份额在萎缩、知名度和美誉度在下降，就会影响到品牌，就会给品牌造成负面影响。

因此，不要小看产品升级的意义，不要以为产品升级仅仅只是为了赚取更大的利润，而且还关系着品牌的成长与壮大。一般来说，产品升级可以分为三个层级，即创新型产品升级、跟进型产品升级和改头换面型产品升级。

1. 创新型产品升级

创新型产品升级主要以满足消费者的潜在需求为主，在产品研发方面具有重要的创新，包括产品内在品质的创新和外在包装的创新等，创新型产品在上市时能够起到引领消费、引领潮流的作用。

虽然创新型产品升级属于最难于把握和难度最大的一个产品升级，但创新型产品升级一旦取得成功，不仅能够带来较大的利润，而且还能够树立起品牌的某种价值形象，提升消费者对品牌的某种价值认知，甚至奠定起品牌在某个细分市场领域里的领导地位。

2. 跟进型产品升级

跟进型产品升级主要以满足消费者的现有需求为主，研究市场上领导品牌的畅销产品，更多的时候只能做一个跟随者的角色，很难起到一个引领消费、引领潮流的作用。不过，跟进型产品升级在跟随着市场上领导品牌的畅销产品时，也能够获得一部分消费者的认可，并满足一部分领导品牌的畅销产品覆盖不到的市场需求。

3. 改头换面型产品升级

改头换面型产品升级主要是为了更好地提升原有产品的竞争力，让原有产品既能够持续受到消费者的青睐，又能够提升原有产品的利润。

在这三个层级中，创新型产品升级对品牌形象的提升贡献最大，一个创新型产品的上市，不仅能够起到一个引领消费、引领潮流的作用，而且还非常有助于品牌形象的提升。不过，创新型产品升级属于最难于把握和难度最大的一个产品升级。

　　一个企业的品牌需要进行维护和提升，而产品也同样需要进行持续创新。如果产品缺乏创新、跟不上时代发展的步伐，就会殃及品牌。总之，企业掌舵人一定不要小看产品升级的意义，因为产品的升级仅仅只是为了满足其赚取更大的利润，更重要的是关系到企业品牌的成长和壮大。只有对产品进行精心的维护和提升，才有可能提升其品牌竞争力，从而实现基业长青。

高级酒店提升公司品质

五星级酒店是酒店产业中最为重要和引人注目的群体，具有强烈的引领作用和示范功能，可谓是业界的佼佼者。也正是基于这种原因，包括消费者在内的社会各界对五星级酒店的关注度自然会更加突出。

万达集团是中国五星级酒店投资规模最大的企业，目前已开业45家五星级和超五星级酒店，营业面积超过200万平方米，成为全球领先的酒店投资企业。万达之所以选择进军酒店业，是因为酒店能够与商业综合体形成互动，确保商业综合体的品质对城市的吸引力。其实，早在2004年年底，万达定位"经济型连锁酒店将成为集团新的支柱产业"。董事长王健林当时就做出了"商业地产收缩、酒店业扩张、住宅地产保持稳定"的定位。

当时，万达产品在经历了第一代和第二代的销售风波后，向第三代产品转型。万达第三代产品在选址上更加侧重于城市新兴区域，在产品组合上，经济型连锁酒店更符合市场需求。同时，酒店市场的格局是伴随内地的经济发展，经济型酒店领域市场空缺，需求前景看好，并且经济型酒店也是资本市场关注的热点行业。

结果在实际操作过程中，经济型连锁酒店构想变成了五星级酒店和超五星级酒店。万达已建成的第三代产品的代表作宁波万达广场、北京CBD万达广场、北京石景山万达广场均配建有五星级酒店。这种在定位上出现颠覆的原因可能与万达在高级酒店上的试水尝到甜头有关。

　　五星级酒店能够有效提高项目的地标性，获得城建配套支持和项目品牌溢价；提升了城市形象，获得了地方政府的极大欢迎，在地价和拿地门槛上可以为开发商带来极大的优惠；在后期经营中，能够为项目带来各类高端资源。目前为止，万达酒店建设公司能独立完成五星级酒店的设计、建造、装饰、机电等全部工程，与雅高、喜达屋、希尔顿、凯悦、洲际等一批世界顶级酒店管理集团建立了战略合作关系，并以此来达到提升公司品质的目的。

　　即便如此，万达高级酒店的投资，在前景上仍面临变数。高级酒店投资回收期长，与万达的商业地产配合，在前期可获取较多利益，但在后续经营中有可能呈现边际效益递减。由此，在高级酒店投资的出路上，仍需要新的谋划。在第三代城市综合体的开发上，万达的"只租不售"仅体现在核心商业购物中心上。在产品组合中，住宅、小型商铺和部分写字楼的销售扮演平衡现金流的核心角色。

　　此外，万达在商业地产的创新当中产生了许多过去没有认识到或是没有看到的新利润增长点。比如，商业管理公司，原来成立商业管理公司是因为国内找不到人管或找国外公司管比较贵，只能自己管。经过几年的发展，商业管理公司反倒成为万达新利润增长点。万达商业管理公司在签合同时，把管理费和租金分开算，以控制商业管理公司管理成本。在推行两年目标责任制后，各公司通过节约增效以及开展招商营运，不仅能自负盈亏，而且在2010年商业管理公司还有两亿元的纯利润。

　　2012年，万达成立了酒店及度假村管理公司，这是一个集酒店业主、经营与销售等功能为一身的综合集团。旗下拥有长沙万达文华酒店（原威斯汀）、太原万达文华酒店（原威斯汀）、泉州万达文华酒店、漳州万达嘉华酒店、宁德万达嘉华酒店、淮安万达嘉华酒店这六家自主品牌。在行业里，酒店的开发商或者投资者被管理公司称作"业主"。尽管一家豪华酒店多达数亿乃至10亿元的资金都来自业主，但鉴于管理公司在国际上响当当的知名度，使得后者在中国的业主面前往往颇为强势，在酒店的早期建设、装修以及后期经营等阶段，管理公司总是处于主导地位。

但这种状态，在强势的万达身上发生了一些改变。虽然万达为了压缩投资目标，很多时候都会偏离管理公司的一般硬件设施要求，但由于万达的项目多被看成是大客户，所以尽管其提供的硬件都很一般，管理公司还是忍着。对他们来说，万达这个业主有点像"带刺的玫瑰"，既充满诱惑，又充满挑战。

在众多国际酒店管理集团眼中，万达一直是最重要的中国合作伙伴。然而，2012年万达第一批自主品牌六家酒店的开业，则意味着万达要开始自己的单飞之旅。

万达的单飞对国际酒店管理公司来说，可不是什么好消息。因为有数据显示，王健林计划在2020年让万达酒店的数量增长到100家，假如大部分酒店使用其自主品牌，将意味着那些国际酒店管理集团可能失去在中国这个最大的"业主"。

强势，让万达在酒店经营中占据了主导权，更有利于实施自己宏伟的商业计划，包括降低采购成本等。除了建设周期短所节约的财务成本之外，万达还有许多自己的"秘笈"。例如，高端酒店为了维护其品牌标准，会指定酒店使用的电器、洁具、餐具，甚至洗衣设备等产品品牌，而这些产品多数价格昂贵，成本极高。如果业主拒绝采购，管理公司将以此为由拒绝接手酒店，导致开业时间一拖再拖，耗费大量时间金钱。

对此，万达却能够用一个"简单粗暴"的方法将其破解：将两台相同的电视放到一起，一台是SONY，一台是东莞定制的，让管理公司的人去辨认。如果他们能够辨认出来，就用SONY；如果不能，就用定制的。通过这种强硬的方法迫使管理公司妥协，最终让万达在采购上压缩了大量成本，可谓"节流"。而在"开源"方面，万达也凭借其彪悍作风增加酒店收入。为了保证酒店开业后达到既定的经营收益，万达在很早就要求管理公司签GOP（营业利润）的合同。否则，他们将拿不到管理费。

万达在北京的一家酒店，曾经出现过管理公司因经营业绩未达标而对万达进行额外赔偿的事件。其实，万达开始自建品牌，一方面是基于长远考虑打造国有品牌，另一方面也是为了降低成本，减少给管理公司的额外支出。"一家酒店每年要给管理公司好几百万元管理费用，10家合起来就几千万元，这绝对足够建立自己的品牌和销售平台。"

王健林表示，万达要有为民族争光的雄心壮志，一定要创立自己的酒店品牌。三年打基础，十年树品牌，以万达现在的酒店建设速度，建设方和管理方的齐心协力，加上万达雄厚的实力和品牌优势，相信几年后，万达酒店品质的提升会再上一个新台阶，会让业界刮目相看。

万汇网玩的是大数据

大数据（bigdata）或称巨量资料，是指所涉及的资料量规模巨大到无法透过目前主流软件工具，在合理时间内达到撷取、管理、处理，并整理成为帮助企业经营决策实现更积极目的的资讯。

以往，大数据通常用来形容一个公司创造的大量非结构化和半结构化数据。而提及"大数据"，通常是指解决问题的一种方法，即通过收集、整理生活中方方面面的数据，并对其进行分析挖掘，进而从中获得有价值信息，最终衍化出一种新的商业模式。虽然大数据在国内还处于初级阶段，但是其商业价值已经显现出来。

首先，手中握有数据的公司站在"金矿"上，基于数据交易即可产生很好的效益；其次，基于数据挖掘会有很多商业模式诞生，定位角度不同。或侧重数据分析，帮企业做内部数据挖掘；或侧重优化，帮企业更精准找到用户，降低营销成本，提高企业销售率，增加利润。

2013年，随着万汇网的上线，筹备已久的万达电商雏形终于浮出水面。万汇网是万达广场的O2O（Online to Offline，线上对线下）智能电子商务平台，业务将涵盖百货、美食、影院、KTV等领域，隶属于万达集团。

由于万汇网尚处于试运行阶段，所以仅对武汉菱角湖万达广场、大连高新万达广场、郑州二七万达广场、郑州中原万达广场、福州仓山万达广场和福州金融街万达广场等项目进行支持。2014年这一范围将延展至全国所有的万达广场。该项目可以为用户提供咨询、导购、优惠券、团购等功能，并发布手机端，可实现找车位、扫广场等功能。

目前，万汇网提供的服务包括商家资讯、广场活动、商品导购、优惠折扣等。王健林解释说，万达的电子商务平台绝对不会是淘宝，也不会是京东，而是完全结合自身特点的线上线下融为一体的O2O电子商务模式。

然而，这个被万达集团董事长王健林解释为"完全结合自身特点的线上线下融为一体的O2O"的电子商务模式却因存在大量促销内容而被解读为停留在"价格战"的营销层面。对此，王健林表示："返点、抽奖等方式只是万达电商吸引会员的方法，万达电商真正的核心是大会员大数据。"他的底气来源于遍布全国的万达广场客流量。[①]"今年大概有十几亿人次会进入万达广场，我们有准确的光电计数。比较保守地估计，2015年大概会有接近140个万达广场，平均每个广场两千万人，一年有超过20亿人次会进万达广场。"万达当下要做的事情是将这些客流量尽可能多地转化成会员。

事实上，万达将整合旗下所有业态，包括商场、院线、酒店、度假区等，在共同为"大会员制"的电商平台服务。比如，消费者在万达百货消费，商家拿出1%~2%等值货币类积分来支持。会员可以在所有万达广场及万达旗下的各种业态，包括在度假区、酒店享受等同于货币的积分消费。

根据王健林的说法，万达的目标是力争三年，最多五年做到超过一亿会员。不过，对于任何一个电商企业而言，一亿会员的培育都难言容易。国内自营型B2C老大京东经过十年的市场培育才有了一亿会员。即使按照王健林的预估，2015年万达广场的数量达到140个，也并不意味着万达广场的顾客都有足够的忠诚度去使用万达的O2O入口。

在业内人士看来，以促销为导向的会员活跃度如何保证也是一大问题。除了商家惯用的免费注册以外，王健林将万达吸引会员活跃起来的方

---

① 刘伟. 万达电商野心：5 年做到 1 亿会员 [EB/OL]. [2013–12–16]. http://it.sohu.com/20131216/n391831489.shtml.

式归纳为三个渠道：一是线上线下的消费返点，消费者在任何一种渠道获取的返点均可在万达所有业态通用；二是消费培训；三是其他增值服务。

王健林认为，万达的电子商务模式就是建立会员体系，不会与淘宝、腾讯、百度或京东的任何一家模式雷同。他认为，腾讯和阿里成功之处便在于人多，一旦万达电商拥有过亿会员，配合现代移动终端的先进技术，把会员消费的次数、额度、喜好和所有的这一切东西建立和掌握起来，由大数据来做出分析，就能够根据这个有针对性地进行下一阶段的招商和调整商家布局。

那么，万达电子商务模式的特点表现在哪些方面呢？

第一，含金量高。

尽管万达只有一亿会员，数量上可能不如阿里、腾讯的三四亿，但这些会员是实实在在的在万达消费的会员，这种会员的含金量是很高的。

第二，大会员系统。

基于现在足够的线下资源和人流，万达推出万汇网以后，决定力争三年、最多五年，争取做到超过一亿会员。也许到2020年可能会有二三亿的会员，这么大的会员体系就一定会有价值。

第三，大数据系统。

万达现在已经研发了一定的数据系统，现在正在争取进入国家统计局的大数据当中。这种大的数据系统将来绝对不仅仅是支撑万达的需要，将来会为国家统计或者其他企业，比如促销、新商品的试验、开发企业自己的会员系统都可以提供支持。

王健林认为，互联网和实体经济呈融合的态势，10年、20年后可能不会有单纯的电子商务公司和单纯的实体企业，一定是相互融合的。

在王健林看来，未来大数据将会如基础设施一样，有数据提供方、管理者、监管者，数据的交叉复用将大数据变成一大产业。因此，他认为万汇网要玩就玩大数据。未来，数据可能成为最大的交易商品。由于大数据的特征是数据量大、数据种类多、非标准化数据的价值最大化，所以大数据的价值是通过数据共享、交叉复用后获取最大的数据价值。

第五章　全力打造世界级文化企业

在商界奋战了几十年，王健林持续做"加法"，并把文化产业作为重中之重。从电影院线到影视制作，从文化旅游区到艺术品收藏，万达旗下的子公司已经成为中国最大的文化企业。王健林坚信：文化产业没有天花板，万达要打造具有世界影响力的中国文化品牌。

运营模式：院线捆绑地产

万达是国内著名的商业地产公司，但是近年来，王健林对院线的关注度逐渐超过了商业地产业务。万达电影院线作为发展商业地产衍生出来的主力业态，凭借着与商业地产的捆绑模式迅速崛起。同时万达影视院线的加入对地产业务而言也有了锦上添花之效。

事实上，万达院线是中国电影院线业的后来者，却凭借着与地产业务的捆绑模式成功地上演了一段后来者居上的故事。2003年对万达而言是一个不平凡的年度。这一年，王健林宣布进军电影业，与一直在中国寻找机会的美国华纳兄弟娱乐公司一拍即合。二者在北京人民大会堂签署了合作协议。同年万达开始在多个地区建造万达电影城，万达院线自此正式拉开帷幕。

2005年，由于国家政策原因，华纳不得不解除与万达的合作关系，于是万达开始尝试自己经营院线项目。幸运的是，万达的院线产业运营模式与地产产业是捆绑经营的，可以说，万达广场开到哪里，万达影院就出现在哪里。这一直营关系大大降低了院线产业的运营难度和运营风险。随着万达广场的飞速发展，万达广场被各地列为"最受欢迎的项目"，人们对万达产业的接受和认可度急速提升。作为同出一脉的万达院线着实沾了不少地产产业的光。随着万达商业地产的迅速崛起，万达院线也一路走高，一跃成为全国影院市场的一匹黑马。

这种院线捆绑地产的运营模式使得万达院线很快地聚拢了人气。有了人气自然就能获得盈利。国内的很多院线，都没有这种得天独厚的优势。一般情况下，即使地段和场地都很合适的院线想要成功运营起来也需要很长一段时间来蓄养人气。而万达院线完全省略了这一环节，它借助于地产产业的人气和环境迅速实现了盈利。特别是近年来，随着影院市场竞争的不断加剧，各个影院的场地租金不断提高，运营成本也不断提高，国内影院产业的发展一度陷入了低迷。而此时恰恰成了万达院线实现快速壮大的大好时机。万达院线捆绑地产产业拥有其他院线所不具备的优势，在运营成本上占尽优势，加之其他影院的发展变得迟缓甚至出现了倒退的局面，使得万达院线瞬间赢得了发展空间，万达院线"后来者居上"的故事上演成功。

直至今天，万达院线借助于"城市综合体"项目的群聚效应，一直保持着居高不下的人气状态，影院的盈利能力不断增强。万达院线的发展前景正如王健林所说："电影是一个没有天花板的产业。"万达院线已经从原计划的只作为万达商业广场的一个配套产品提升成为万达的四大支柱产业之一。

作为一个独立的支柱产业，万达院线如果继续固守万达广场这一战略性阵地，必将受到很大的制约。于是从2009年起万达院线开始出现在各个万达广场以外的优质地段。近年来，万达院线的年收入保持着持续增长的态势，2012年万达院线实现年度票房24亿元的销售目标，成为全国唯一一家年度票房超过20亿元的院线，稳居全国院线票房冠军。

万达院线能有如此辉煌的业绩，可以说地产产业功不可没，而那位最初的倡导者，一路走来的苦心经营者——王健林又有什么样的功劳呢？

第一，对万达院线的塑造之功。

没有王健林就没有万达院线，王健林是万达院线的塑造者。正当万达的商业地产做得热火朝天时，王健林却忽然大手笔地投资文化产业，这一举动着实很多人不解。然而，在王健林看来，别人都认为可以做的事情恰恰是不能做的事情，而别人都认为不可以做的事情，反倒有成功的机会。

多少年来，王健林一直本着这一思维定式带领万达冲锋陷阵，走在时代的最前端。他太习惯于不按常理出牌，太擅长于走与别人不一样的路，关键还是他太有远见了。

很多人不看好文化产业，因为在中国，文化产业的前期投资大，未来的前景也不明确，所以王健林选择重金投资文化产业在很多人看来有些"烧包"。偏偏王健林就喜欢这种别人都不看好的事情，如果文化产业是众人眼中的"香饽饽"，那么王健林绝不会注意它。在他看来，文化产业在中国市场的潜在爆发力很大。"中国有十三亿人口，十三亿人穷的时候是累赘，富的时候便是巨大的市场。"王健林常常说起这句话。在他心中，十三亿的中国同胞就是他最大的信心。随着中国的不断繁荣，有钱的十三亿人，在不久的未来所带来的精神消费将会令人惊讶！尽管现在还没有显示出来，但是机会总是留给有准备的人的，所以万达要准备起来，准备迎接文化产业的全面兴起。这是王健林选择做文化产业的根本原因。故此，万达院线横空出世了。

第二，对万达院线的扶持之功。

中国的影视市场还处在初级阶段，有些冰冻的感觉。在这有限的客观资源中，万达想要多占一些，需要打造出很多的"一流"。没有王健林坚定不移的扶持，就没有万达院线后期的发展壮大。关键时刻，王健林为万达院线亮起了绿灯，他将万达院线与万达地产捆绑起来运营，使万达院线借助广场的人气迅速成长。万达广场带给院线的旺盛人气成功滋润了万达院线，使其迅速发展壮大起来，区区数年便跻身成为万达的支柱产业之一。此时，院线产业的发展又受制于万达广场的发展了。于是王健林再次为其亮起了绿灯：长大了，允许你离开师门闯荡去吧。万达院线从此跳出了万达地产的限制，自由地出现在任何优质地段上。

如果说王健林对于万达来说是一位"好家长"一定没有错，因为他知道"孩子"在不同时期的需要并予以满足。在院线出生之初，王健林知道它需要人气，便给了它人气；在院线长大时，王健林意识到它需要自由，于是便给了它自由发挥的空间。可以说，该做的王健林都做了，他是一位

144

不折不扣的"好家长"。

　　神奇的事情发生背后，总是有神奇的力量在支持。万达院线的神奇崛起与王健林密不可分。中国未来的文化产业市场定将媲美于欧美，甚至世界上任何一个国家，王健林对此坚信不疑。万达要做百年企业，在文化产业方面具有无可比拟的穿透力。

地产大佬的电影梦

王健林素以"低调做事"著称，然而最近几年他却频频登上各个媒体的头条，原因是王健林正在努力地实现他的电影梦。

王健林认为，企业家精神最核心的有两点：一是创新精神，敢于走别人没有走过也不敢走的路；二是坚强的意志力，无论身处怎样艰苦的环境下，依然坚定不移地向前进。王健林本人就是凭借着这两点带领万达一路披荆斩棘、遇山劈山、遇海填海，最终成为同行无法逾越的标杆企业。

2003年，正当全国文化产业处于最低点时王健林闯了进来，向世界吼出："我要做文化产业！"王健林的闯入使国内的文化产业一时间天翻地覆起来。"瞧这阵势，王健林是要做文化产业的第一呀。"这是所有人见识过王健林的大手笔之后的第一感觉。

2014年12月20日，全球唯一一个室内电影乐园武汉万达电影乐园于武汉汉街拉开帷幕。这座耗资38亿元的电影乐园在人们期待已久的目光下粉墨登场——

在武汉万达电影乐园中，万达电影公司市场总监邓晓文介绍道："武汉万达电影乐园包括目前世界科技含量最顶级的互动剧场、太空剧场、飞行剧场、4D剧场、5D剧场、体验剧场。其中的互动剧场的大屏幕上不断跳动的各种人物和动物，游客坐在车里环游时都能用游戏枪进行射击，情节逼真，互动效果非常理想；对游客排队等候的地方也进行了精心别致的设计，以武当山道观的内景为背景一比一进行装饰。游客落座后，眼前便会出现一只3D技术设计出来的仙鹤，带领着游客体验飞翔的真实感受，很快随着仙鹤的急速俯冲，游客的座椅也会呈90度角翻转，加之游客的周围和脚下也有大屏幕，取景极为逼真，游客可谓是亲身感受仙鹤领路、九天翱翔的暴爽和刺激。"

此外，世界顶级的5D剧场也是令游客尖叫不已的梦幻之地，剧场中上演的电影短片《终极能量》使所有旅客如临世界大战一般：天空中轰隆隆的直升机子弹四处扫射，地面上一个个凶残至极的机器人迎面冲来，时不时地还会从银幕中蹦出一个三米多高的机器人和摩托车，令游客惊魂不定，逃无所出。

事实胜于雄辩，武汉室内电影乐园的成功打造，再次展现出了王健林作为企业家的卓越才能。斥资38亿元，打造一个世界顶级的室内电影乐园充分展示了王健林要做文化产业大鳄的决心。这条在别人眼中是一条行不通的死胡同，王健林走得有声有色，风生水起。一直以来，他坚持走不一样的路，走别人不敢走的路，绵绵不绝的创新思维是王健林不断领先于中国商业的核心力量。除此之外，异乎常人的意志力是王健林的又一特性。多年来的风雨打拼，王健林练就了一身的铮铮铁骨，在王健林的思维中，有傲气、有决心、有信心、有爱心、有无所畏惧的胆识等等，唯一没有的就是退缩。

做企业首先要有雄心壮志。没有志向的人往往会被身边不值一提的琐碎事情缠绕羁绊，终日里思索这些小事，久而久之被磨光了锐气和志气，一副心甘平淡、无所事事的样子，这样的人何谈作为？而有志向的人目光长远，不计较眼前的得失，即使生活中有些不顺心的事情发生也会如待肩上的尘埃一样，轻轻拂去。这样的人才能看得远，进而走得远；这样的人，才有胆量走别人不敢走的路。王健林曾说过这样一句话："创新者大部分成为先烈，少部分成为先进。"可见，创新之路的艰难与凶险，如果没有强大的信念做支柱，何人敢走，何人能走？

其次，成大事者必先苦其心志，劳其筋骨，饿其体肤。成功之路不好走，一路上，多少有识之士被摔得粉身碎骨。与其踏着前人的尸骸，颤颤

巍巍地爬着走，何不先勤学苦练，等待自身的"绝世武功"练好了，再威风凛凛地上路。

最后，要有坚定不移的决心。既然已经决定要成功，就一定要坚持到底。很多时候，很多人距离成功并不遥远，只要再多迈一步路。半途而废是最亏本的生意，放弃了这条路、转身再走其他路时不仅需要从头再来，还需要整理几乎无存的信心，其艰难程度绝不小于走原来的路。因而，要么不干，干了就要坚持到底。

世界上最坚硬的不是钻石，也不是切割钻石的刀具，而是人的信念。美国的迪士尼乐园一度风靡全球，多少年来一直是乐园界的泰山北斗，几乎没有人能超过它，也没有人敢超过它。而今天，王健林以其雄厚的商业实力和坚定的文化雄心向世界宣布："我可以做到，美国有的，中国就有。"

打造"中国的好莱坞"

2013年9月22日，艳阳高照，美国索尼影业、环球影业、华纳兄弟、韦恩斯坦影业等世界著名影视企业和世界级影视明星莱昂纳多·迪卡普里奥、凯特·贝金赛尔、妮可·基德曼、约翰·特拉沃尔塔等群聚青岛东方影都。中国著名影星李连杰、甄子丹、黄晓明、苏有朋、安以轩、赵薇等也纷纷现身青岛。这壮观的明星阵势便是青岛东方影都的启动仪式上的情景。

打造青岛东方影都耗资300亿元，可谓是全球最大的影视基地，一揽影视制作、会展和旅游等多个产业项目。包括著名大师马克·费舍尔的杰作——360度的环绕舞台，世界仅有的汽车极限运动剧场；滨海酒店群包含八个不同星级的度假酒店，上至六星级酒店，下至三星级酒店，应有尽有；此外还有游艇交易中心、滨海酒吧街、国际医院，面积均在上万平方米；外景区设计和制片区也是科技一流，规模一流，项目规模不容小觑。王健林为何重金打造这样一个东方影都？王健林将青岛东方影都打造成"中国的好莱坞"究竟出于什么原因？

纵观世界各国的电影节，其主要环节有两个：

一方面是"请进来"，意在以电影节作为交流的平台，广邀天下影视界的精英相聚一堂，互通有无，相互学习，相互借鉴，实现共同发展的最终目的。从这个角度来讲，评定一个电影节办得是否成功，关键就看电影

节的人气，也就是说看有多少个重量级的明星大腕前来助阵，明星来得越多说明人气越旺，电影节举办得就越成功；相反，如果前来助阵的明星寥寥无几，则说明此次电影节的人气不旺。不难看出，青岛东方影都的启动仪式人气非常旺。

而另一方面是"走出去"。很多人说，"电影是一个国家的名片，而电影节又是一个国家电影的名片"，电影节的举办意在借此向世界各国展示自己国家的精神面貌和文化修养，同时增加与国际接轨的机会。

综合这两方面的因素，青岛东方影都的盛大开幕可谓意义深远。王健林意在进入海外电影市场，同时为中国影视接轨世界影视提供平台。虽然近年来中国影视与世界影视接触频繁，但中国影视想做到真正的"走出去"，路途还很漫长。王健林看到了这一显著差距。影院的概念源于美国好莱坞，想要缩短我国影视与世界的距离最好的方法便是"请进来"。这是王健林重金打造青岛东方影都的原因之一。王健林想发展影视业，扩展中国影视的海外市场，那么当务之急便是发展、振兴国内影视业，既然"走出去"尚缺乏实力和资本，那么便"请进来"，打造"中国的好莱坞"，让中国影视与世界影视多交流，从而促进中国影视迅猛发展。东方影都的成功打造对万达企业的发展有什么样的意义呢？

第一，占尽先机，看好影视业的未来市场。

青岛东方影都的成功启动拉动了中国影视业的发展。相关人士预测：2018年中国将成为全球最大的观影市场。对此王健林也表示：未来世界电影的发展前途在中国。

中国有13亿人口，其市场需求力超过世界任何国家。这13亿人口萌发出来的刚性精神需求即将全面释放。未来中国的影视市场将是一个"寸秒寸金"的大好市场。此时，谁先把握住先机，就意味着与未来财富结下了不解之缘。王健林十分看好中国文化产业的未来市场，青岛东方影都不过是王健林先声夺人的第一步，后续的发展力度还会不断加大。

第二，东方影都是世界影视进军中国的必经之地。

东方影都有望成为"中国的好莱坞"、世界影视新的聚集地。迄今为止，青岛东方影都是全球最大的影视产业，不久的将来，它不仅会成为中国影视的集结地，也将成为世界影视作品的重要载体。因而，青岛东方影都致力于成为世界影视进军中国的必经之地。万达致力于文化产业的发展，东方影都在战略上成了影视业的必经之地，王健林正以其著名的"万达速度"带领万达抢占了中国影视业的必经之地。

此时，王健林的所作所为已经远远超过了一个传统企业家应该做的事情。他所领导的万达运营业务涉及多个领域，最终将眼光定位于中国的文化产业，除了王健林作为商人的异乎常人的市场敏感度的因素外，更重要的是中国国情需要文化产业的兴起。王健林是一位出色的时代猎手，当前中国人的精神需求日益增加，作为有着深厚文化底蕴的中国，如何将博大精深的中国文化发扬光大，也成了政府工作的重要组成部分。国家开始鼓励、扶持文化产业。王健林对文化产业的进入便赶在了这样一个时机。

由一名出色的企业家转型成为中国传统文化的宣传者，王健林本身对传统文化的喜爱也是一个因素。他从小酷爱中国的文学名著，长大后依然热衷于文化事业。王健林的"收藏王国"在中国无人能及，他本人对传统文化的痴迷程度是业内家喻户晓的事情。通过打造东方影都，王健林终于如愿以偿地投身了文化产业，对他个人而言是一种极大的满足。

东方影都的闪亮登场、好莱坞大鳄的集体亮相，令王健林和万达可谓是赚足人气和眼球。东方影都的成功落成展现了中国企业家雄厚的资金实力和高超的运营筹措能力，同时也彰显了中国企业界不凡的远见卓识。王健林以"迅雷不及掩耳之势"一举提升了中国影视的国际地位，拉动了中国影视的国际需求，为中国文化产业进军国际市场打响了完美的一炮。

让艺术珍品更好地流传下去

　　2013年，在纽约佳士得，万达集团以1.72亿元人民币的天价拍下了毕加索作品《两个小孩》，一时间轰动了国内外收藏界。王健林在艺术品收藏上一向出手阔绰。回首1992年，王健林曾用其全部家当换回一幅傅抱石的作品。可见王健林对艺术品痴迷的狂热程度。

　　最初，王健林自己放弃安稳的部队和政府前程执意下海创业的主要因素就是对中国画的喜爱。也许是受到家庭的熏陶，王健林酷爱中国画。在北京东长安街万达广场25层王健林的办公室内，一幅价值3000万元的当代绘画大师石齐先生的《长征万里图》占据了很大的空间。

　　早在2010年，由王健林授意，万达就曾为石齐先生举办过专门的画展。画展在中国美术馆一层举行，占用了中国美术馆整个一层的全部展厅，规模之大、规格之高令石齐本人震惊。展前，曾有记者问到石齐先生将会展出哪些作品，石齐先生坦言自己也不清楚。直到开展时进入展厅，石齐先生才惊奇地发现：自20世纪60年代开始，他的120余幅不同风格的作品竟全部收入了万达的囊中。

　　王健林对中国字画的强烈兴趣也影响了万达，万达集团进行企业收藏已有20多年的时光了。

　　万达做收藏与别的企业有着本质上的区别。很多企业做收藏的目的具有很重的商业色彩，在他们眼中，所谓的收藏品与市场上流通的货物、股票、证券是一样的，以一定的价钱买进，再通过一定的手段提高其市场价格，然后转手卖出，从而获得利润。而万达不是，万达收藏的所有藏品从来没有出售过一件，用王健林的话来讲："我从来没想过要赚卖画那点小钱儿。"近年来，很多著名的收藏家都有一种很不爽的"鸠占鹊巢"的感觉，因为最初收藏市场的崛起只是由于有一部分人喜爱收藏，并愿意为此付出一定的金钱，从而获得自己喜爱的艺术品，进行珍藏、把玩，然而随着很多有价值的艺术品价值的不断攀升，很多人从中看到很大的商机，认为其中蕴含着丰厚的利润。因而，近年来一些具有商业目的的珍品收藏开始在市场上运作起来。这些企业性质的收藏与传统个人收藏家比起来，无论在资金上还是操作手段上都各具优势。对此，负责万达收藏工作的负责人郭庆祥是这样说的："收藏不是赌注，艺术品不仅仅是用价钱来衡量，更不能拿黄金去称。买到好的作品是缘分。"

其实，企业收藏不是近年来才兴起的，它已经有了上百年的历史了。据相关人士统计，在过去的五十年里，对世界文化艺术做出巨大贡献的群体不是各国政府和政党，也不是各国的博物馆，更不是个人收藏，而是企业收藏。这种企业的传统行为随着世界经济的不断攀升，自2000年以来再次出现高潮局面。尽管目前国内的很多收藏到底是企业收藏还是企业家收藏尚区分得不是很明显，但是中国的艺术品收藏进入到了一个快速发展期是毋庸置疑的。

作为一直致力于加快文化产业发展的倡导者，王健林认为，将企业收藏专业化是当前收藏市场迫切需要解决的问题。很多企业之所以参与收藏，完全是出于企业领导者的个人爱好因素，而非出于对社会的责任感。企业收藏的过程应该是由企业家带头，可以先搞个人收藏，当个人收藏成一定规模后，就需要转变成企业收藏，对其运作过程进行专业的运营和管理，从而发挥出收藏的社会价值——推动社会文明的发展，推动人类文明的发展。

对于艺术品收藏，王健林表示，收藏的最终目的不是为了将好的作品藏起来，等待升值或是爱好者自己单独把玩，而是为了这些代表着人类

文明的珍品能更好地保存流传下去。因而，艺术品收藏应该是一个社会化的工作，艺术珍品不应该野蛮地属于某个人或是某个团体，它们属于全人类，各个收藏者只不过是保管者而已。值得欣慰的是，今天收藏终于成了人们关注的焦点。这也意味着人类对文化的需求日益增加了。

王健林带领万达搞收藏，并以专业的团队专门运作此事，其目的也是为了更好地发挥出收藏的社会价值。万达美术馆将担当起传递人类文明并将人类文明发扬光大的社会责任。

"万达始终将企业收藏作为公益事业和企业文化的一部分，是承担企业社会责任的一种形式。就像对足球的投入一样，肯定是赔钱的。集团从来对于艺术收藏没有任何的盈利要求和期望，是百分之百的投入，更没有把收藏产业化的想法。万达这么多年只买画，从来没有卖过一张画，一直都是靠企业收益来养收藏。"郭庆祥表示。[1]

王健林表示：好的收藏家不仅要有"口袋"，还要有"脑袋"。万达的收藏不是没有目的地乱选，而是经过了多方衡量之后，觉得确为珍品、确实具有收藏的价值之后，才会进行收藏。目前，万达的众多藏品都放在一个银行的保险库中。为了将众多藏品从封闭的保险库中移出，万达正在加紧建造万达美术馆，以便将中国最具价值的艺术品形象地展示在世界各国人民面前。

① 孙冰.万达搞收藏：只收不卖［EB/OL］.［2012-02-07］. http://news.artron.net/20120207/n216122.html.

伟大的公司源于伟大的构想

伟大的公司源于伟大的构想。"任何行业都有天花板，唯独文化产业没有天花板。"王健林的这句话表达了万达集团做文化产业的决心。从地产业务向文化业务转移，万达文化帝国版图雏形越来越清晰。其中，布局国内外的院线以及电影相关的上下游产业，是王健林的一枚重要棋子。

2012年5月21日是一个特殊的日子，这一天万达集团宣布以26亿美元的价格正式并购北美院线AMC，一举刷新了中国民营企业海外并购的最新纪录。由此，万达成为全球电影院线运营商的老大。在世人眼里，这绝对是一次震惊业界的民企跨国并购行动，然而风光的背后却很少有人知道这次成交的艰辛。

众所周知，北美AMC公司历史悠久，在世界院线集团中排名第二，公司旗下拥有346家影院，共计5028块屏幕。同时，AMC还是美国最大的IMAX和3D屏幕运营公司。万达集团要并购这样一家实力雄厚的企业，被很多人看来是"贪心不足蛇吞象"。所幸，万达再次让世人惊艳，而且这一战役打得漂亮，在文化投资领域成功迈出了一大步。

略显疯狂的并购背后，其实是王健林和万达团队缜密的行业分析，以及对院线市场未来发展趋势的准确拿捏，这是投资决策成功的基础。经过调研发现，虽然AMC院线集团的实力雄厚，但是作为一个老牌的院线公司，旗下的很多影院已经老旧，随着IMAX和3D时代的到来，AMC需要大

批量地更换屏幕，这是一笔巨大的投入。另一方面，AMC已经多年亏损，资金链紧张，没有充足的资金提升硬件水平。

事实上，AMC院线集团也意识到了这一点，其首席执行官兼总裁Gerry Lopez说："随着电影发行和放映越来越全球化，AMC需要一个更有热情和资金实力更加雄厚的新东家。"无疑，万达集团就是这个合适的新东家——它不仅有投资院线的意图，还有雄厚的资金实力，更重要的是有足够的耐心。

为了这次并购成功，万达集团筹划了多年，并且进行了近两年的谈判接洽。同时，万达还承诺：并购后将投入大约5亿美元运营资金。这意味着，万达集团将为这次的交易付出31亿美元。这是一笔庞大的数字，出现一丝纰漏就会前功尽弃。当时，很多人都不看好收购的前景，并且为并购后的盈利而担忧。

对此，作为万达集团的最高决策者，王健林早就有了通盘考量。他认为，并购AMC是一次战略性的投资，必须眼光长远才能获得更大的收益。在他看来，AMC拥有非常高的市场盈利率，这对万达集团的上市是很有利的，如果并购成功，必将为万达院线国内IPO加码。同时，这次并购带来了极大的附加值，等于在全球给万达品牌做了一个大广告。

那么，并购成功以后，未来的前景乐观吗？后来的记者招待会上，王健林给出了这样的回答："我们非常看好并购后的经营前景。正式并购完成后，万达集团将成为全球规模最大的电影院线运营公司，占有全球行业10%左右的市场份额，企业规模和市场影响力将大幅提升。特别是在IMAX和3D屏幕数量上具有优势，有利于在市场中占据领先。而且并购后，万达集团将投入不超过5亿美元作为运营资金，用于帮助AMC提升旗下影城硬件水平及运营能力，将大大增强AMC的市场竞争力。"①

事实胜于雄辩，并购AMC后仅一年，这项业务就实现了盈利，金额达

---

① 哈麦.万达收购美国第二大院线AMC耗资31亿美元［N/OL］.Mtime时光网［2012-05-21］. http://ent.ifeng.com/zz/detail_2012_05/21/14695761_0.shtml.

到5800多万美元。在并购之前AMC连续亏损三年，2011年更是亏损近两亿元。数字是最有说服力的，业界对万达和王健林的这项投资决策称赞有加。

那么，万达集团到底是如何改造AMC，让其在短时间内成为利润机器的呢？王健林的操作很简单，集中做了三项调整：

第一，加强信息化管理。并购完成以后，万达集团并没有完全干涉AMC的运营，只是安排了一个联络员，由他负责将AMC每天的运营信息、财务管控等内容联网传到万达集团的总部。通过对这些信息的跟踪、研究，总部随时掌握一线动态，并及时作出有效决策。

第二，设立激励机制。万达集团提出，将AMC10%的利润作为奖金，奖励给能力突出的员工。这在很大程度上调动了团队的积极性，一旦人才的优势和潜能被激发，整盘棋就活了，于是就有了源源不断的创意思想，工作业绩也大大提升。

第三，给AMC的管理层施压。有压力才有动力，万达集团与AMC的管理者签订了四年的合约，设立营业目标，建立奖惩制度。这些举措让万达把市场的压力传导给AMC的管理层，能够最大程度上调动他们的经营智慧，从而带来巨大的商业利益。

万达之所以如此执着全球的电影市场，与其"院线帝国"的梦想是分不开的。一旦占领了全球重要电影市场的20%，那么万达院线掌握的话语权和之前比就绝不是可以同日而语的，盈利点也会随着规模的扩大而产生新的增长。与此同时，中国的文化产业将得以和世界接轨，甚至达到世界领先的地位，万达的"大文化帝国"梦想才可能真正实现。

随着万达集团发展壮大，王健林始终在思考业务架构的问题，并瞄准文化产业。并且，他始终把文化投资放在全球化与中国崛起的大背景下考量，由此提出了一系列建设性的论断："文化输出要产业化，不能有文化没产业或者是有产业没文化，在全球范围内要掌控文化和媒体资源，掌握媒体传播渠道，万达不排除有在境外收购电视台等媒体资源的可能。"他还设想，到2020年，万达集团的年营业额要达到800亿元，进入世界文化企

业的前10名。①

　　由此不难发现，王健林对万达未来的规划十分清晰，一直都在按部就班中展开。万达集团这个由房地产起家的公司一步步向文化产业进军，实现全面的转型，让我们看到了当家人王健林长远的经营眼光。万达正在与全球前五大电影巨头举行商业谈判，全面进军全球视野的文化产业，包括梦工厂，都极有可能展开紧密的商业合作。

　　宏大的投资视野之外，是王健林踏实做事的身影。对于万达文化帝国的梦想，他既有长远的规划，也有缜密的分析。他曾经坦诚地说："现在中国的文化和产业不能对接，人才极度缺乏，有文化没有产业，有产业没有文化，中国急需一批既懂文化又懂市场运作的人，只有这个条件满足了，中国文化产业的春天才会到来。"②

---

① 李杨.万达野心：从中国万达到世界万达［EB/OL］.［2013-06-08］. http://news. sina.com.cn/o/2013-06-08/055927348576.shtml.

② 前瞻网.王健林：万达要做电影业的"托拉斯"［EB/OL］.［2013-05-13］. https://www.qianzhan.com/people/detail/270/130513-04e7096e_2.html.

与全球电影巨头谈生意

改革开放三十年，中国企业家逐渐将国际惯例和本土风俗结合起来，发展出一条条的致富路。青岛东方影都的启动仪式上，全球重量级的电影巨头纷纷前往助阵，一时间，世界搞不懂王健林什么路数了。

"中国的一家地地道道的民营企业老板怎么与世界级的电影巨头平起平坐了呢？"这恐怕是很多人心中的疑问。中国首富王健林——一个地地道道的民营企业的老板，以500亿元的资金打造青岛东方影都，自建了一个国际电影节，亲自与全球电影巨头谈生意，这是中国民营企业家的风采！那么王健林是怎么做到将好莱坞搬到中国来的呢？分为三步——

首先，收购世界第二院线：美国AMC影院公司。

万达集团以26亿美元成功收购美国AMC影院公司旗下的346家影院，是全世界范围内家喻户晓的事情。据传在王健林前往哈佛做演讲时，一位做钟表生意的商人不远万里赶到会议现场，只为一睹这位能够收购美国企业的了不起的中国商人。王健林成功收购美国AMC影院，令所有中国同胞拍手称赞，令世界人民竖起了大拇指。这一举动大大提升了万达集团在世界人民心中的位置，王健林本人也成为新世纪商界中最具潜力的一匹黑马。这是王健林与世界电影巨头平起平坐的重要因素之一。

其次，重金砸向奥斯卡。

王健林又火了，这次的大火烧到了奥斯卡的主办方：美国电影艺术与

科学学院。王健林在访问美国时，为奥斯卡主办方捐款2000万美元，帮助其建设电影博物馆。作为这笔巨额捐款的回报，美国电影艺术与科学学院将博物馆的电影历史陈列馆命名为"万达馆"。有了奥斯卡主办方的支持，中国影视业进军奥斯卡还会遥遥无期吗？王健林用其特有的方式为中国影视业进军国际市场铺平了道路。

再次，重金打造青岛东方影都，同时邀请世界影视业的巨头们来到中国，凭借着自己的实力结结实实地打造一个中国的电影节。

此次活动中，万达宣布自2016年起每年九月都会在青岛举办一个国际性的电影节。而世界四大艺人经纪公司也承诺，每年邀请30位国际一线巨星和导演参加青岛电影节。这是自1986年以来美国电影艺术与科学学院首次走出美国，支持其他国家和组织举办的电影节。此外，为了保证青岛东方影都的成功，万达集团已经和全球多家影视巨头和艺人经纪公司达成合作关系。至此，王健林成功地做到了与全球影视巨头谈生意。

商场之中，实力就等于话语权。"文化输出要产业化，不能有文化没产业或者是有产业没文化，在全球范围内要掌控文化和媒体资源，掌握媒体传播渠道，万达不排除有在境外收购电视台等媒体资源的可能。"这是王健林在《财富》全球论坛上发表的声明。这是有史以来，第一位大胆提出利用自己的渠道将中国文化输出到世界各地的中国企业家。王健林还表示要与全球知名电影公司、媒体机构建立合作关系，拍摄具有中国特色的中国电影。他明确表示：中国演员在国外大片中"打酱油"的现象要被杜绝，这种不尊重中国演员的电影大片不可能在中国影视市场中受到欢迎。要想使中国文化输出到全球，就必须有话语权，重金打造的"文化航母"是中国最好的话语权。①

那么，企业怎样才能做到在国际文化传播中有话语权？

第一，企业自身要发展、壮大。

---

① 李杨. 万达野心：从中国万达到世界万达［EB/OL］.［2013-06-08］. http://news.sina.com.cn/o/2013-06-08/055927348576.shtml.

权利的背后是实力的较量。想要别人高看自己，首先自身要争气。

今天的中国，稳定和谐，国家从政策和物质上都提供了支持。这样一个稳定和谐的大环境是企业发展壮大的千载难逢的好机会。面对这样的机会，企业家们岂能错失良机？

第二，企业要信心十足。

谁说中国的企业落后于国外的大企业？谁说中国人的头脑不灵活？中国是一个经历过磨难的国家，在国家最绝望的时候，中国人依旧顽强地站了起来，可见中国人民是充满智慧的。中国的企业也是一样，王健林能做到的，中国其他的企业家也能做到，只要他们胸怀大志、有站在世界商业巅峰上的决心。

企业想要获得发展，要十分清楚自己想要的是什么，然后在脑海中形成一幅清晰可见的图像，并描绘出获得它的具体步骤。然后便是集中注意力，努力去做好它。所有成功的企业都走过这样一条路。"有志者事竟成，破釜沉舟，百二秦关终属楚；苦心人天不负，卧薪尝胆，三千越甲可吞吴。"企业必须有自信心。

第三，中国的优良传统——勤奋绝不能丢。

中国企业绝对是世界上最勤奋的企业，这种优良的传统绝对不能丢。企业在发展、壮大的过程中一定要摒弃缺点，发扬优点，学习别人的长处，借鉴别人的经验教训，才能事半功倍，不断进步。

"勤能补拙是良训"，尽管今天世界在斗转星移式地发展转变着，这条传统的良训是不能丢弃的。

第四，行动是最有力的语言。

成功是什么？就是锁定目标，积极行动。可是，很多人都忘记了"行动"二字，只顾夸夸其谈、纸上谈兵。美好的愿望不过是虚无缥缈、可望不可即的海市蜃楼，永远到不了成功的彼岸。

立即行动可以充分反映出一个人成功能力的大小。当一个人从"立刻去做"的潜意识中走出来以后，毫不迟疑立刻付诸行动，他的能力就会不断增强。这样的个人和企业就更能在激烈的竞争中获得更有利的位置，把

握住一个个转瞬即逝的机会。

任何事物的发展都有其规律可循，做生意也是如此，如果不想做按照别人制定的规则行事的那个人，便要成为制定规矩的那个人，让别人按照自己的想法行事。就中国目前的影视地位，在国际影视业没有任何话语权，所以才有中国的大腕级影星在国际影片中"跑龙套"的奇怪现象，更令人觉得奇怪的是，很多人认为这是很正常不过的规矩，一直以来中国影星们都默认了。想来也觉得悲哀，国际电影为了进驻中国市场，便选择几个本地影星露了几面，然后在别的国家播放时又将有中国影星的部分删掉。如此不尊重中国消费者的影片怎能允许它们进驻中国市场呢？对此，王健林坚决抵制，他要用自己的实际行动掌握未来在国际影视界的话语权。

没有创新，就没有万达的今天

美国实业家、超级资本家洛克菲勒先生曾经说过这样一句话："如果你想成功，你就应该辟出新路，而不要沿着过去成功的老路走……即使你们把我身上的衣服剥得精光，一个子儿也不剩，然后把我扔在撒哈拉沙漠的中心地带，但只要有两个条件——给我一点时间，并且让一支商队从我身边经过，那么用不了多久，我就会成为一个亿万富翁。"洛克菲勒的这句话正说明了一个道理：成功人士不会人云亦云，他们拥有善于挖掘的眼睛，见他人所未见，走他人未走过的路。一个总是跟着别人脚印前进的人，只能是碌碌无为。

对企业而言，"人有生老病死"，企业产品也是如此。天下万物都有一定的周期性，没有永不过时的事物。因而企业想要不断发展，创新是关键。创新是一种大文化，不仅需要创新者有大智慧，还需要创新者有勇气，二者缺一不可。

中国最大的文化企业是万达集团旗下的万达文化产业集团，注册资金50亿元。王健林提出文化产业大发展、大繁荣已经有一段时间了，在这段时间里，中国文化有哪些变化呢？整体上，国家的相关政策还未出台，因而总体感觉还是有些不够明朗，中国目前的文化产业市场不够兴盛。针对这种情况王健林依旧信心满满，他提出万达文化产业集团的目标是：2016年力争做到400亿元，2020年文化产业收入800亿元及进入世界文化企业的前10

名。面对王健林如此的雄心壮志，万达将如何发展自己的文化产业呢？最主要的是靠创新产业模式。

万达做文化产业最突出的特点就是创新产业模式，不走原来的老路。在中国人的潜意识里，文化就是图书、话剧、相声、小品等传统文化项目。这些项目不仅落后，而且利润低。王健林发展文化产业意不在此，他要做"秀"，聘请美国最优秀的团队来，投资20亿元做一台戏，向世界公开推出。除此之外，王健林还要做一种创新的产业模式——电影娱乐科技，例如武汉电影乐园。武汉电影乐园是世界最大的电影娱乐科技的试验站，迪士尼也只有一个厅，而武汉电影乐园足足创造了六个厅。

同时政府为王健林的这两个项目提供了一定的政策优惠，原因就是这两个项目属于创新产业模式。创新产业模式不同于一般的小剧场，它包含的科技含量是世界顶级的。这种模式的成功意味着中国的文化产业发展步入了一个新阶段，它对中国的文化产业发展起着里程碑式的作用。因此，政府支持、国家赞同，引进世界的高科技来中国对促进中国文化产业的繁荣昌盛是百利而无一害的好事情。

王健林以其难以遮掩的声势轰轰烈烈地进入了中国的文化产业。其经营理念和打出的招牌就是创新的文化产业模式。这种产业模式的顺利运营将在中国掀起一阵惊涛骇浪，产业文化领域的创新有利于实现中国文化推向世界的战略目标。在这个过程中，王健林淋漓尽致地展现出了非凡的勇气和敢于创新的大无畏精神。

管理学家特劳特曾预言，有两种组织正面临着死亡，一种是尚未领会到"创新"的实质，仍然借助一些传统因素占领市场；另一种是虽然意识到了创新的重要性却不知道怎么去创新，从而选择了墨守成规。可见，创新是企业生存发展的核心因素。那么，企业如何做到创新呢？

第一，创新需要理智。

对于企业管理者而言，任何创新都伴随着一定的风险。创新成功，可能是一发不可收拾的财富到来，企业的飞速发展；创新失败，则意味着财富和精力的白费，轻则企业发展倒退几年、损失点钱，重则企业可能面临着倒闭的危机。因此，创新伴随着一定的风险，企业家要保持清醒的头脑和理智，合理规划，不能盲目创新。

企业必须具备冒险精神，但同时也必须保持冷静的思维。冒险精神也许是通往成功的捷径，中国有句俗话，"不入虎穴，焉得虎子"，是敢于冒险、敢于实践的最佳写照，需要注意的是，"入虎穴"的同时要先进行一番冷静的思考和筹划，防止落得"壮士一去不复返"的结局。

第二，擅于打破常规。

对于传统公司而言，已经进入到了"生命周期"的低潮，想要打破这种周期，就要成为创造者。"跨界"成了如今热传的商业语言，简单地说，跨界就是混合的意思。IDED公司总经理汤姆·凯利把拥有"跨界能力"的人称为"异花的传播者"。在他看来，拥有这种能力的人就拥有了神奇的魔力和巨大的财富引力。即使看似毫无联系的两件事，他们也能巧妙地衔接起来，创造出神奇的新事物来。因此，想要创新，首先要擅于打破常规，不要被思维定式拴住创新的思想。一个企业从不同角度寻找机会，继续发展，其成功的机会就会增加很多；总是习惯墨守成规的企业最后只会因贪图享乐、害怕冒险而被时代淹没。只有那些另辟新径的企业才能凸显自身的不凡，从而出奇制胜。

第三，走不一样的路。

很多成功者都表示，真理掌握在少数人的手里，一条路如果大部分人都看好，那么一定不能走，恰恰是别人都认为不可行的路倒可以尝试着走一下。王健林这样认为，也如此做了，并且成功了；马云这样认为，也如此做了，也成功了；王石也是，李嘉诚也是，柳传志也是……成功从来没有思维定式，成功一直是成功者一步一步地探索出来的。盲目跟风的企业是没有创新力的。

很多时候，想要成功就必须跳出条条框框，走一条别样的路，如果只是走别人走过的路，虽然会很安全，但带来的只能是碌碌无为。反倒是那些不一样的路，虽然有些危险，但是成功的机会往往蕴藏在那些危险的背后。

第四，创新是"逼"出来的。

被逼出来的创新才是真正的创新。创新离不开日常生活。如果当年的郭德纲有机会成为晚会的演员，有一份稳定的工作，拿着固定的工资，也不会有后来被逼出来的著名"非著名相声演员"的诞生。企业家需要有危机感，居安思危，才能创新，才会创新。

综上所述，企业创新在于有紧迫感、不墨守成规、有勇气跳出规律的条条框框，走自己的路。居安思危的人永远不会迸出"创新"的火花。

心有多大，舞台就有多大

2013年4月，中国首个"万达城"——哈尔滨万达文化旅游城全面投入建设，这座总投资200亿元人民币的宏伟项目预计可以容纳5万名游客，年收入高达60亿元，每年为中国税收做出超过5亿元人民币的贡献。王健林表示，万达将会在近年来建造数个世界级的旅游文化新城，每个旅游新城的投资规模均在数百亿元。如此大手笔的投资正印证了那句话："心有多大，舞台就有多大！"

迄今为止，万达集团已经成为中国最大、最具潜力的商业地产公司，旗下的万达广场遍布全国。在很多人的眼中，万达的发展似乎已经到了登峰造极的程度，但是王健林并没有停下的意思，一个更加壮观的"万达城"项目开发计划已全方位启动起来。

"我的个人关注点会重点集中到万达的文化旅游产业上来。"王健林信心十足地说道，"要做就做第一。"目前的王健林将全部精力都投资到万达的文化产业上来，在他看来，未来的中国最具前景的市场便是文化产业市场，为此，王健林不惜重金投资电影和旅游产业。据了解，王健林采用了一种将文化和商业相结合的新模式全力主打两大方向：一是度假方向；二是文化旅游方向。万达的长白山度假区和西双版纳度假区于2015年正式开业。针对万达文化旅游新城业态，王健林表示："将万达城比作迪斯尼不准确，主题公园只是万达城其中的一部分，两者形态不同，万达城的

功能会更加丰富。"王健林如此疯狂地投资文化产业，他究竟是怎样想的呢？

在王健林看来，未来5~8年，万达的核心产业是文化和旅游两大产业，而相比之下，万达地产类收入将要下降到45%以下。面对王健林如此大阔步地挺军文化产业，很多人摇头不已，表示风险太大。而这恰恰符合王健林的行事风格："也许我会成功，也许我会失败。但是我这一辈子干到现在，失败的事情多了去了，只要不会让万达伤筋动骨，我都可以去尝试。如果一次的失败可以让万达全军覆灭，那我会慎重决策，否则我都会去做。"[①] 王健林的这种大胆尝试走新路的性格源于他经商这么多年的不断磨练。人就是这样一种奇怪的动物，可能刚开始会小心翼翼，蹑手蹑脚地放不开手脚，但是当他迈出第一步之后，发现原来事情不像想象中那样可怕，于是便开始逐渐胆大起来，而且会越来越胆大。

王健林就是这样一个人，他要做的事情不是大家都认可的事情，而是那些少数人想做却不敢做的事情。目前万达虽然依旧继续做着商业地产，但是它的这次大转身转做文化和旅游，且前期投资如此巨大，未来市场一片渺茫的行为不禁令人担忧。对此，王健林似乎很轻松，面对外界的担忧，王健林表现得信心十足，他表示："万达集团计划在2016年收入达到400亿元，进入世界文化企业前20名；2020年收入达到800亿元，进入世界文化企业前十名。"时至今日，王健林已经不仅仅是地产界的巨人，也是世界文化产业举足轻重的核心人物了。

正所谓"见山开山，遇水搭桥"。王健林在文化产业上一路大刀阔斧，披荆斩棘，这种带领万达不断进取的精神值得所有人学习。作为一名成功的企业家，怎样才能做到"心有多大，舞台就有多大"呢？

第一，唤醒沉睡的心。

每个人都具备无限的潜能，所有的成功都在运用一种叫做"感觉很棒"的力量，并让它释放一种"影响世俗"的外在力量。

---

① 张晓玲．万达广场：打造城市新中心　焕发城市新魅力［N/OL］．鸡西新闻网［2013-04-17］．http://jixi.dbw.cn/system/2013/04/17/054712060.shtml.

首先，要有好心态。一个成功的人一定是一个健康乐观的人。有人说，心态是人生的太阳，只有明媚的阳光才能促进万物生长。的确如此，良好的心态充满了能量，它能使身处逆境的人们充满战胜困难的勇气，最终获取胜利。成功人士的心态一定是乐观的、有生机的，即使面对再大的挑战，也能不辞辛劳、聚精会神地向前迈进。因为他们从来没有考虑过得过且过，从来没有考虑过碌碌无为地过一生。为什么落魄的人会节节败退呢？就因为他们只有消极的心态，仅仅为了填饱肚子而活。

其次，具备足够的勇气。成功者无不是敢于面对困难的勇士。勇气是一个人扫清胆怯、提高能力的一条道路。抹去记忆中对失败的恐惧，将胆怯、害怕、恐惧等等从心底"连根拔起"，这样才能更好地挑战未来，形成无坚不摧的坚定决心。

再次，树立坚定的信念。每个人都渴望有一首激荡的生命之歌，但这首歌必须有坚定的信念才能奏响。没有不会成功的人，只有不愿成功的人。

第二，相信自己的才能。

为什么有的人总是失败？原因很简单，因为这些人从来不相信自己可以成功。人，立于天地之间，首先应当看得起自己，别人才会高看你。前美国足联主席戴维克·杜根说过这样一段话："你认为自己被打倒了，那么你就是被打倒了；你认为自己屹立不倒，那你就会屹立不倒；你认为自己比对手优越，那你就是比他们优越；你认为自己比对手低劣，那你就是比他们低劣。因此，你必须往好处想，你必须对自己有信心，才能获取胜利。"这便是相信自己的力量。只有那些相信自己才能的人才有机会成功。

第三，成为想象中的那个人。

这个世界上，每件成功的事情在它没有变成事实之前就只是一个梦想，甚至是一颗蠢蠢欲动的心。美国著名成功学家拿破仑·希尔曾经观察过很多不同家庭背景的人，无论他们的家庭背景是贫穷还是富裕，无论他们是否有着稳定的工作和收入，如果他们有一颗甘于平庸的心，最终的结

果就是他们算不上成功。那些取得成功的人从内心深处就不甘于平庸，他们有自己的人生规划，有一个蠢蠢欲动的野心，更重要的是他们知道如何去实现自己的野心，并且知道如何鼓舞自己去追求梦想。王健林就是这样的野心家，因此他能实现自己的梦想。

由此可见，一个人想要成为想象中的那个人，就要在自己从事的领域内走出一条属于自己的路，其中最重要的一点就是树立野心，这样才能从根本上改变人生的航标。再加上必胜的信念作支撑，良好的心态做后盾，他定会奋发图强，全力以赴地实现自己的野心。此时此刻，他才具有了成功者的魄力和魅力。

发展靠的是文化

在公司的所有竞争力中，文化是最高层次的部分，可以说是企业的灵魂。因为研发和品牌归根结底是依靠人去做的，企业只有在发展过程中逐步形成自己独特的企业文化、有明确的经营理念、有严格的纪律和行为规范，企业才能坚持正确的发展方向，持续稳定地发展。

"资源是会枯竭的，唯有文化生生不息。"在带领万达做大做强的征程中，王健林很早就意识到了文化管理的巨大作用，并已将其付诸实施。这不仅体现在万达涉足影院、美术馆等文化投资领域，还表现在王健林对企业文化掷地有声的管理洞见中。

2012年2月6日，万达学院举行开学典礼，王健林以董事长身份讲授了"开学第一课"，题目是《万达的企业文化》。他说："万达企业文化达到现在的高度，不是一蹴而就。万达文化随企业的发展、眼界的提高不断提升。"概括起来，万达的文化建设主要经历了三个阶段，每个阶段有不同的侧重点。

第一阶段：从1988年到1997年，坚持诚信经营。

在企业创立的十年内也就是创业初期，万达的核心理念是"老实做人，精明做事"，全体上下坚持诚信经营的原则，为日后发展打下了坚实的基础。今天看来，这个口号很简单，但在当时却是非常了不起的。房地产市场发展早期极度混乱，没有土地出让制度，销售房产不需要许可证，

只要有本事搞到地，就可以玩"空手道"。所以，当时地产商都是先卖期房，拿到钱后再建房子。

在这一背景下，万达集团前身——大连西岗住宅开发公司成立了。然而不久就出了大问题，总经理因经济问题东窗事发，公司负债好几百万元，面临着破产的危险。这时候，当地政府出面，提出谁有本事把公司救活、把欠款还上，这个公司就给谁。当时，王健林在西岗区政府当办公室主任。他主动请缨，正式下海经商，接管了这家濒临破产的公司。

1989年上半年，王健林经营的公司第一次开发项目。开盘前他去销售部检查工作，销售经理说了一句话，大大出乎王健林的意料。主管副总经理汇报，卖房时每套房子的面积要多计算一些。王健林不明白其中的缘由，就问为什么。对方解释说这是当今市场的惯例，大家都这么干。王健林的第一反应是这是商业欺诈行为，要求立即停止这种不法行为，老老实实按实际面积卖房子。这件事使王健林意识到企业诚信经营的重要性，并提出了"老实做人，精明做事"的口号。"老实做人"指自身诚实，靠真功夫发展；"精明做事"就是小心谨慎，保证自己不被别人骗。做生意不能骗人，这是王健林对员工的第一个要求，也成为万达企业文化的基因。

第二阶段：从1998年到2004年，主动承担社会责任。

这一时期万达开始有了规模化发展，一步步地壮大起来。1997年年底万达开始大规模、跨区域发展，这也成为企业发展史的标志性事件。由此，万达走向全国，成为少数全国性的房企之一，企业实力也成倍增长。度过了早期的求生存阶段，万达的实力越来越强大，这时候王健林开始思考一个问题，即企业不能只顾自己发展好，还要回报社会，主动承担社会责任。

于是，万达形成了新的核心理念："共创财富，公益社会。"为此，王健林开始带领万达投身慈善捐助事业，其捐助额坚持与企业发展规模相适应。企业规模越大，实力越雄厚，捐助额就越多。此后，万达每年的慈善捐助额都在增大，这也意味着万达企业在经历着爆发式的增长。除此以外，万达还坚持关爱员工、保护环境等方面的文化建设，丰富了其社会责任的内涵。

第三阶段：从2005年到现在，追求卓越，做百年企业。

到了2005年，万达的资产超过100亿元，年收入接近100亿元，成为中国房地产行业名符其实的标杆企业。在外人看来，王健林已经很成功了，也该放松一下、享受一下生活了。但是他却有不一样的看法。经过一番思考之后，王健林逐渐形成了清晰的思路。

在江浙一带有几千万元资产的人很多，甚至几亿元、几十亿元资产的人也不在少数。但是，为什么几百亿元资产的企业家却很罕见呢？这种现象背后有哪些深层诱因呢？万达发展到今天，应该如何迈向未来呢？对此，王健林认为，企业发展、财富积累的终极目的不能限于个人所有，否则就会失去前进的动力。显然，如果没有更高的追求，不能在企业文化建设上找到方向感，经营者就容易迷失自我，也会将企业带上不归路。为此，王健林与高层主管经过多次讨论，提出了"国际万达，百年企业"的口号，向世界级企业奋斗、做长寿企业成了万达的奋斗目标。事实上，王健林的努力伴随着中国企业国际化步伐，可以说万达始终在伴随着中国经济与世界经济浪潮起舞。

总之，在万达成长的过程中，始终有王健林在企业文化上的思索与实践。反过来，这种努力帮助万达适应了每个阶段的市场竞争与战略目标构建，成为经营管理的有力推手。对此，海尔集团总裁张瑞敏也表达过类似的观点，他说："公司发展从根本上讲靠的是文化，公司最根本的竞争力是文化竞争力，公司的一切是由文化这个核心派生出来的。"

回头来看，公司文化建设的目的是提升理念、优化管理、调动员工积极性，进而推进公司发展战略的实现。所以，公司的最高领导人一定要抓好公司文化，让它紧紧围绕公司发展战略这个轴心开展。王健林在企业文化上的布局、决策有力地推动了万达的成长，为后来者提供了很好的借鉴。

实践证明，万达文化建设与其成长是密不可分的。万达三年三大步——2009年收入430亿元，2010年收入770亿元，2011年收入1051亿元。

显然，这不仅与万达领先的商业模式有关，更离不开强有力的企业文化经营，是企业文化支撑了万达的快速发展。追求卓越的文化引领，保持企业发展的脚永不止步，在万达身上体现得非常鲜明。2012年年底，万达的各项指标跨进世界500强标准，进入世界级企业行列，如果没有文化建设上的努力，这是无法想象的。

第六章　把战略伙伴变为股东关系

　　长久的合作关系有赖于精准的利益维系机制。与世界级商业伙伴合作，让万达提升了品牌竞争力。但是，王健林没有局限于此，他瞄准着更高层次的竞争与合作，致力于多赢，把战略伙伴变为股东关系最终找到了属于自己的蓝海。

王健林
山登绝顶我为峰

选择世界级战略合作伙伴

　　战略合作伙伴，是指通过合资合作或其他方式，能够给企业带来资金、先进技术、管理经验，提升企业技术进步的核心竞争力和拓展国内外市场的能力，推动企业技术进步和产业升级的国内外先进企业。

　　万达集团经过多年的发展，与国内外知名品牌建立了密切合作的关系。万达广场作为万达集团与众多品牌商家"长期合作、共同成长"的平台，在双方的一致努力下，已成为品牌商家展业的理想舞台和重要选择之一。

　　2012年9月27、28日，万达在北京国家会议中心隆重举办"2012商业年会"。主题是以当前经济形势下如何激活消费潜力、实现快速发展为方向，特别邀请著名商界领袖、经济学家、国内外知名品牌CEO担纲演讲嘉宾，进行主题演讲。

　　为了感谢众多优秀品牌商家所做出的重要贡献，万达商业年会特别设立了2012年度最旺人气奖、最佳设计奖和最佳合作伙伴奖。所有奖项均由行业协会、学界专家机构、媒体及第三方机构公开评选，并通过全国主流媒体进行深入推广。

　　为了让品牌商家全面了解万达集团的发展情况，获得更多的项目信息，本届年会还特别举办了"万达广场品牌合作洽谈会"。现场展示了100余座万达广场，包括：至2012年年底已开业万达广场60余座，以及2013年和

2014年计划开业的40余座。万达集团的专业人员进行了项目的详细介绍和解读，帮助品牌商家对万达广场已开业项目和计划开业项目有更深入的了解。

各品牌商家在年会现场针对所选定的目标项目进行深入的洽谈，并确定未来1~2年的合作意向。同时，万达集团将对品牌商家的现场洽谈意向情况进行详细梳理筛选，并以此作为品牌商家合作的重要依据或优先选择合作的条件之一。

在9月28日品牌合作洽谈会当天，战略签约品牌合作商超过120家，国内外的知名品牌都有，均是全国性的合作关系，现场签约非常火爆。正是有了众多优秀品牌商家的共同经营，为所有在场经营的商家带来了旺盛的人气、品质的提升和良好的业绩，才使品牌商家共同经营的"舞台"更具价值和影响力。

目前，万达已经与近30家国际和国内知名的品牌商家结成战略发展伙伴，其中12家是世界500强企业。此外，万达还与十多家不同业态的主力店结成"紧密型合作伙伴"，跟进万达开发的每家购物中心。

王健林对万达选择世界级战略合作伙伴有自己的一些看法："'紧密型合作伙伴'就像和万达签订了生死契约一样，万达到哪里进行开发，这些主力店就必须跟到哪里，不去就要承担相应的经济处罚。而万达也要为这些商业伙伴预先设计规划经营场所。"

同时，为了保证合作伙伴能赚钱，万达在发展项目时也会充分听取各主力店的意见和建议，在城市和地段的选择上兼顾合作伙伴的利益。随着万达的快速高质发展，这些主力店也在中国遍地生根发芽，而这些独有的商家合作伙伴资源也反过来成为万达的核心竞争优势，万达走到任何地方投资，最少有几十家大小主力店跟进，这意味着任何一个万达广场的诞生都伴随着80%以上的租赁面积有保证。

面对这些主力店对万达的充分信任，王健林董事长表示：这些紧密型合作伙伴实际上也给万达带来一定的压力，那就是别人把身家性命托付给了万达，万达就要确保店面赚钱才能对得起这些合作伙伴。所以在发展项

目时，宁可前期多费点劲，也要保护万达合作伙伴的利益。

对此，王健林的解释是，合作创业，找到最佳合作伙伴固然重要，但掌握合伙的"潜规则"才是共同创业成功的基础，这些规则包括：

1. 公平原则

亲兄弟也要明算账。在合作之初，就要明确财务管理制度，明确利益分配规则。

2. 诚信原则

合伙赚钱诚意当先。人无诚心，别人也不会以诚相待。红顶商人胡雪岩能够在商场无往不利，不只与合作伙伴，甚至与竞争对手都可化敌为友、达到双赢，正是他的诚信待人取得了人们的尊重与认同。

3. 信任原则

合伙最忌相互猜疑。合伙创业的过程充满坎坷，面临各种问题，没有信任合作必然难以为继。

4. 目标原则

求同存异演大戏。合伙人之间存在差异是必然的，但只要有共同的事业目标，求同存异便可以共同开拓新天地。

5. 宽容原则

总之，创业期间，不仅要选择世界级的战略合作伙伴，还要时时刻刻想到合作伙伴的需求。只有成功地掌握了合伙的"潜规则"并努力去遵守，才不会出局。

先"傍大款"，后战略合作

"傍大款"不是去找一个有钱的富翁或者富婆，而是指要与强者合作，吸纳强者的投资或是借助其品牌来提高自己的知名度。其实，很多企业的发展都是依靠"傍大款"发家的。万达走的就是先"傍大款"，后进行战略合作的道路。

1997年，麦当劳进入大连时找到了万达，因为当时万达在大连市的很多黄金地段都有地产项目。而麦当劳在各地的合作模式是分账制，很信守合同，约定每月5日打款给对方的，绝不会迟于5日。

1999年前后，沃尔玛准备进入东北。万达便开始考虑能不能为这些世界级的商业企业开发地产项目，毕竟这是万达擅长的房地产本行。不过，万达的商业项目一开始定位为规模要至上万平方米的大型购物中心物业，所以沃尔玛不同意与其进行战略合作，毕竟他们在全球没有过这样的先例。

于是，万达就先与沃尔玛建立了一个信息共享的平台，以便加深彼此沟通的深度。随着谈判的深入和更多可以预见的商业利益，彼此之间的战略合作便很快达成了。万达与沃尔玛的合作期限是25年。15年是一个法定的期限，后两个5年双方约定优先权。除了沃尔玛15年外，其他商家租期一般都在10年左右，对各家租金增长幅度每年约为2%~3%。

虽然早先的万达希望与沃尔玛的合作采取捆绑式，但这多少有点拉大旗作虎皮的意思。所以，目前展开的更多是战略型合作。其实，万达现在大量的商户资源都是战略性合作，而不是捆绑式合作。等部分捆绑式的合

作合同到期后，万达也希望改为战略性合作。

常言道："英雄不问出处。"可以说，万达与沃尔玛的结缘是万达一个合理的起点。

1999年，沃尔玛准备进军中国东北地区，而万达也在此时放弃足球，转向地产。

2000年，万达发现商机，与沃尔玛艰苦地谈了一年，只获得了对方的"兴趣函"。

2001年，万达第一个商业地产项目——长春万达广场诞生。沃尔玛在苛刻的监工和验收完项目后，终于与万达签订了苛刻的合同。

2002年，万达试水"沃尔玛入驻+地铺销售"的模式，逐步走向订单地产模式。与此同时，万达学会了引入主力店竞争的方式，开始采用"批量谈判"的方式提高效率。

2003年，沃尔玛终于与万达签订了战略合作协议。

2004年，万达与家乐福接触；沃尔玛也择日主动向万达发出了合作函。同年11月，沃尔玛全球总裁亲临万达，希望万达能够加大开发量。

2005年，万达表示如果商业地产能够上市，就会考虑让沃尔玛等战略合作伙伴入股。

2006年，彼此之间的合作出现裂缝，沃尔玛开始与其他地产商接触。

2007年，万达在上海召开主力店招商大会。对此，沃尔玛的评价是，万达"现在会打牌了"。

2008年，万达"万商会"在上海正式成立。前来参会的来自全球的品牌商代表包括沃尔玛在内共有1000名。

2009年，第二届"万商会"在北京召开。包括沃尔玛在内的2000名来自全球品牌商总裁、副总裁参会。

王健林表示，他对于万达总部控制的理解最早就来自于沃尔玛等连锁企业，可以说，沃尔玛是万达最早的商业启蒙者。关于沃尔玛对万达有哪些重要的启蒙，王健林作了如下总结：

第一，"倒金字塔"式组织架构。

沃尔玛的管理框架是一个"倒金字塔"的管理模型，上端大，下端小，这是集权式管理的集中表现。

第二，"中央集权"的管理体制。

沃尔玛采用中央集权的管理模式，万达也采用了同样的管理模式。万达深信，一个诸如沃尔玛般庞大的商业帝国都可以通过这种集权式模式如此高效率地运营，万达也一定可以做到。事实证明，万达成功地做到了这一点，从万达有序发展到今天庞大的规模已经充分显示了这种管理模式的强大之处。

第三，"眼明脑快"的信息系统。

沃尔玛通过信息化手段，实行了整个庞大组织即时有效的沟通，极大地提升了其资产运营的效率，实现了比竞争对手更低的成本战略。

其实，沃尔玛的信息化开始得特别早，它是最早使用计算机跟踪存货的传统零售企业，其管理依赖信息化的程度也非常高，信息化在很大程度上加强了其管理，并不断优化了管理中的很多细节。

优秀的商业一定是一群善于"傍大款"的人，这个"大款"是可以依托的品牌、企业或者是个人。王健林认为，万达的成功崛起得益于对沃尔玛这一战略合作伙伴的选择。在他看来，优秀的战略合作伙伴能够在高品质、高效率，避免质量成本，避免不确定性风险，分享经验等多方面提供独特的价值。这些对于高品质产品是十分重要的，并能大幅降低不确定性所导致的各种隐性成本和风险。

总之，良好的战略合作关系有助于合作双方提高生产率，对共同参与的产品开发工作有很好的促进作用。然而，合作关系的建立并非一朝一夕，需要双方的沟通必须保持通畅且诚信。只有这样，合作双方才能够为了实现长期目标而共同努力。

不过，双方在合作方式上要尽可能选择利益诱导式，要在互利互惠基础上谋求合作，并遵守等价交换的原则，以实现互利共赢，结成长久、稳定而广泛的商务合作伙伴关系。

此外，还要对自己的资源结构进行设计，自主地发展和积累独具特色的经济资源。尤其要避免小而全的资源结构，增强对外扩大合作的能力，以通过结成广泛的战略联盟，在最大限度地满足客户价值需要的同时，实现企业的发展。

品牌是企业制胜的一把利剑

品牌，是形象，是文化，是竞争力，是卖点，是亮点，是企业最重要的无形资产。品牌支持对产品的竞争力起到拉动提升的作用，使企业在发展过程中处于强势地位。

如今，实施品牌战略已经成为企业制胜的一把利剑。它不仅可以使企业和产品的知名度、美誉度以及产品市场占有率得到不断提高，还可以促进企业经济效益，使其呈上升的强势走向。

细数万达的品牌合作伙伴，主力店全部都是国际级的，而对于这些国际品牌，也只有万达才能够将它们集合在一起形成"商业联盟"。能够拥有业界珍贵的"商业资源"，正是万达品牌的魅力所在。

2011年9月30日，位于武昌的汉街开街。汉街是万达集团投资500亿元打造的武汉中央文化区的灵魂，它位于东湖之畔，楚河之滨，总长1500米。汉街率先喊出了一个响亮的口号——"世界级水岸休闲步行街"。与江城其他街道比，汉街可谓是精品荟萃，国际名品云集。

据了解，汉街入驻商户共130家，入驻的知名品牌超过200个。其中，HARMAN（世界顶级音响品牌）、GODIVA（意大利巧克力品牌）等13个知名品牌是首次入驻武汉，星巴克、哈根达斯、麦当劳、黄记煌等三十多家品牌商家在汉街建有中国旗舰店。不论是节假日还是平时，汉街都不缺乏人气，滚滚人流给入驻商户带来了无限商机。

业内曾有传言，汉街乃至万达开发的其他商铺一直都很抢手，商家拿着钱都难订。对此，万达商业管理有限公司有关人士表示："万达开发的物业从来都不愁招商——从来都是商铺挑商家，不是商家挑商铺。"

步行街作为一个多功能、多业种、多业态的集合体，对于大型商业项目的人气和商气的带动作用不言而喻。它的成功，不仅能为开发商带来巨大的商业利润，还可拉动周边的土地升值，美化周边环境，提升城市形象，从而实现政府、开发商、投资者、社区居民的共赢。

万达借助订单地产的模式建立起庞大的商业地产运营平台，而这些商业品牌也给予了万达很多方面最重要的支持：

第一，扩大了购物广场知名度，提升了商铺无形资产附加值；第二，抬高了万达与所在地政府在圈地、商务谈判等方面的身价；第三，提高了销售部分商铺、写字楼、住宅价格，短期即可实现巨额回报；第四，转嫁了投资开发购物广场可能存在的资金、租售风险；第五，缩短了商业项目的孵化期；第六，具有战略伙伴关系的主力店消化万达购物中心70%的商业面积，对剩余30%商业的招商，产生极大的促进作用。

王健林认为，品牌形象是一个企业在市场立足与发展的重要标志，承载着企业的信誉、经营实力、服务价值观、社会公信力等诸多内容。同时，也是企业与市场对接的桥梁和与客户沟通的纽带。

一个企业只有依托其强大的产品研发能力，发挥产品研发、设计、展示、市场拓展等方面的优势，坚持一贯的产品自主创新力度，努力提高产品的附加值，才能获得其他商业品牌的大力支持，从而提升其核心竞争力。

王健林指出，多年以来，中小公司对品牌的认识存在着一些误区：品牌是个虚无飘渺的东西，没有太大作用；品牌只有大公司才能做，中小公司做不成强势品牌；有了品牌就有名了，钱还没赚着，就先引来了税务、工商等职能部门的一大堆"麻烦"；做品牌风险太大，中小公司不好把握，搞不好会血本无归。

在企业文化层面梳理品牌理念和定位，在企业内部推广企业文化的同

时推广品牌的理念和定位，并落实到员工的行为规范中去，最终反映在员工的举止、言行中，使其每一次与客户接触都在为品牌增值。

比如，如果一个企业的品牌定位以"创新"为主，那么在整个企业中就要倡导一种"创新"的文化。在产品研发方面，要积极保持一种"创新"的优势；在产品外观设计方面，要不断地探索新款式、新材料的应用；在品牌推广方面，要积极通过各种创意表现和媒介渠道体现"创新"的品牌定位；在内部管理方面，积极采用管理方式以及各种机制的创新，同时还要将"创新"的要求落实在员工的工作和行为规范中。通过不断梳理全体员工的价值观念和行为习惯，使"创新"落实到每一个部门、每一个员工。这样就可以在内、外部品牌传播的双重作用下提升品牌的形象。

卓越的品牌不是一个标识，而是一套精心设计的业务系统，能够有效提升公司的竞争力。一个良好的品牌战略得不到实施和延续，不是出现产品开发不符合品牌定位，就是出现传播手段不延续品牌资产等情况。因此，对于一个公司来说，最应该学习的不是直接生产技术和企业内部管理，而是品牌战略意识与品牌经营之道。

即使有些中小公司做了品牌，也存着行为上的误区，比如做品牌就是打广告、做知名度，再多花一些钱，搞好包装就行了。结果盲目运作，耗资巨大，损失惨重……以上误区的存在使许多中小公司在品牌之路上进程缓慢。其实，一个中小公司塑造品牌的过程也是公司提升的过程；品牌被市场认可的过程也是公司由小变大、由弱变强的过程。再小的公司，只要确立了适合的品牌战略与战术，也有可能赢得品牌支持，并最终走向辉煌。那么，企业应如何做好品牌的维系和管理呢？

1. 品牌目标

在确定品牌目标之前，首先要明确公司的战略目标。因为中小公司只有在战略目标的基础上梳理出来的品牌目标，才能保证公司未来发展的一致性、长期性。

品牌目标确定以后，再进一步分析品牌现状与品牌目标的差距，一方面可以为品牌定位、品牌架构以及品牌延伸等方面规划工作提供指导；另一方面，也为日常的品牌管理、市场推广活动提供依据。避免在公司追求短期利益的过程中，常常以牺牲品牌长远建设的利益为代价。

2. 品牌定位

公司在目标市场中给品牌找一个位置，告诉消费者这个品牌是专为哪些人设计的，能给他们带来哪些功能上的益处、情感上的益处，并给出充足的理由让大家相信买了这个品牌就能得到这些益处等等，同时公司常常将公司品牌定位的深刻内涵高度凝练成一句通俗易懂、朗朗上口的公司广告语来帮助消费者理解并记忆品牌定位。

3. 要有全球化的思考和本土化的操作

中小公司多数是私营公司，在中国市场上土生土长，应该比外企更加了解自己的市场、自己的文化，在语言沟通、地理优势、人文环境，在为顾客提供人性化、个性化、差异化服务等方面，比外企更有优势和竞争力。如果能够在战略上放眼全球，战术落实到本土，市场中就一定有一块属于中小公司的蛋糕。

4. 品牌传播

目前提到品牌传播，大家自然想到品牌的对外宣传和推广。事实上，品牌传播包括对内和对外两部分，对内的品牌传播与对外传播同等重要。一个品牌的建立是客户所有品牌体验的总和，包括产品、包装、运输工具、销售场所、销售人员言谈举止、客户服务处理、媒体宣传、公司商誉等等。对外传播主要通过广告、公关、促销活动、网站、培训等方式实现。

与对方形成利益共同体

在全球化经济的大背景下，利益共同体这个概念已越来越为人们所熟悉。所谓利益共同体，就是通过各种契约、制度、行为机制等，使企业经营者、生产者共担风险、共享利益的新型关系。企业在激烈的竞争中要生存和发展，努力建立企业利益共同体是十分重要的。

2011年9月2日开业的厦门国美万达广场店聚集了厦门几乎所有想买家电的消费者。4000平方米的卖场内用"人山人海"来形容一点儿也不为过。国美万达广场1号店是国美在厦门与万达合作、进驻万达的第一家店，意义非同寻常。

为此，国美集合了大量的人力物力，并联合了国际知名家电品牌推出畅销产品及丰富的促销资源，以招揽顾客。

论经营面积，万达国美并不算是头号大店，但受万达广场开业"聚客效应"以及国美电器品牌影响力的双重影响，9月2日到9月4日短短三天时间，国美万达店就实现了近千万元的销售，成为厦门国美进入"金九银十"期间的开门红，成为厦门又一名副其实的"航标性"家电卖场。

这一切要归功于2005年6月15日，北京鹏润集团和大连万达集团股份有限公司在北京国际俱乐部签署的战略合作协议书，其内容包括以下四个方面：①双方结成紧密型战略合作伙伴关系；②万达集团开发建设的购物中心，国美电器均保证以主力店形式全面进入；③国美电器从万达沈阳商业广场（购物中心）开始尝试全新经营模式，即开设1500~2000平方米的大店；④双方在商业地产（购物中心）投资开发领域将有实质性举措：共同合作在北京丰台区建设一个总投资20亿元、建筑面积在20万平方米左右的大型购物中心。

北京鹏润集团是集地产、零售和资本运作为一体的多元化集团组织，旗下拥有国美电器、鹏润房地产、国美置业、鹏润投资等多家子公司。其中，国美电器作为中国最大的家电连锁零售企业，位居全球商业连锁22位，在业界享有广泛的盛誉，是国内外众多知名家电厂家在中国最大的经销商。

目前，国美正在以平均每天一家新店的速度在全国各地迅速扩张，同时，也积极探索新的途径和方式来推动这种扩张的态势。国美的扩张已经实现了多元化。而国美与万达集团的合作，则将国美战略扩张推向了更高的层次。

在万达看来，作为中国最大的家电连锁零售企业的国美，无论是品牌知名度还是带动消费都有一定的影响。更重要的是，国美不仅是本土企业，而且又是新手，对地产商的要价不高。所以，万达选择与国美形成利益共同体，不只是多到手一个知名品牌，更是增加了一个与其他主力店竞价的筹码。至于能否成功地促成双方利益共同体的形成，就要看双方能否在项目运作中更加积极地配合了。毕竟购物中心在商户组合上有着严格的要求，特别是对主力店，不仅要有特色，更要有与众不同的差异。

由于国美之前从来没有尝试过在购物中心经营，其定位、赢利模式、市场接受程度都要经受前所未有的考验。所以在此过程中，如何针对对方的情况来调整自身的策略就显得十分重要了。而这一点又集中体现在项目选址上，作为两家拥有丰富商业经营经验的企业，国美和万达都拥有属于自己成熟的操作流程。从某种程度来说，双方对于选址问题的态度可以体现出双方合作的诚意。

事实上，此番合作，对于国美和万达来说还有更深层次的战略意义。由于两个集团都是本行业的领军企业，强强联合之后，对于丰富国内购物

中心的业态，振兴民族零售业，提升竞争力方面将产生积极影响，使中国的购物中心发展建设进一步地完善。

王健林认为，企业合作的基础是共同利益，也就是利益捆绑。只有利益捆绑才能保证合作的顺利进行。无论是强大的利益捆绑，还是轻微的利益捆绑，双赢是持续获利的关键。强盗式的利益攫取必然中断利益捆绑，使合作解体。

人们在处理人际关系上常犯的错误是，看不到合作伙伴的利益，只想单赢，却没有想到对方也不是傻瓜，不会放弃自己的利益，结果是两败俱伤，无法从合作中得到相应的利益。如果只顾眼前利益，为了今天的巨大收获而忘记了明天的收获，明天就什么都得不到。

此外，如果分不清楚利益属于谁，属于自己的利益想要，属于伙伴的利益也想要，就会弄得没有人愿意跟自己合作。其实，只要有合作的动机，就说明合作对象有利用价值，有利用价值就应该合理地利用。

并不是利益大就肯定能够合作，也不是利益小就无法促成合作。预期收益与投入相比较，是促成合作的第一步，第二步是实际收益和预期收益的比较，这是持续合作的关键。很多人处理不好人际关系，原因就是不明白利益的有效捆绑。

总之，利益捆绑与利益冲突之间存在着平衡点。如果能够找到这个平衡点，并且按照平衡点处理问题，那么合作就能够成功，双方都可以实现利益最大化。

坚持有钱大家一起赚

在这个信息和知识经济时代里，独占市场已变得越来越不可能，明智的做法就是"利益均沾"，坚持有钱大家一起赚，才能保持久远的合作关系。一个企业要想保持长久的活力，就要持开放的态度，不断求新，不断求变，不断有新鲜血液的加入。虽然表面上好像损失了一些市场份额，但从长远看，只要有好的游戏规则，蛋糕是可以愈做愈大的。

2009年年初，天津万达商业广场隆重开业。与以往不同的是，除了一向与万达商业广场合作的世界500强企业沃尔玛、百盛百货等知名主力店外，还出现了一个新面孔——万达华纳影城。在之后的十个月里，伴随着万达商业广场在南宁、武汉等地的落户，另外几家万达华纳影城也同时开张。

这些成果正是2004年年初，大连万达集团正式向外界宣布"今后五年内，大连万达集团将倾力出资，建设30家现代化、符合国际标准的多厅电影院，这些影院建成后将由美国时代华纳公司进行专业管理"的初步应验。

其实，在2002年年底，王健林在对一份关于"现代化购物中心定位"的调查报告分析之后，就意识到现代化的购物中心应该是集合购物、休闲、娱乐、消遣四大功能于一体的一站式购物广场，电影院是其中必备的组成元素之一。

经过企业内部的讨论研究，王健林最终决定："除对之前六个购物中心重新投巨资改造改建电影院外，2003年以后投资的所有万达商业广场都要

有电影院这个配套设施。"

作为房地产行业的先行者和领头羊，万达集团虽然有雄厚的资金做后盾，有多年房地产行业的建设经验，对投资建设影院可以说是轻车熟路，但在影院硬件的具体规划和影院的日常经营管理方面就显得有些力不从心了。于是，万达开始与国内较有声誉的几家广电集团联系洽谈，希望能够建立合作关系。由于万达计划每年平均建造五家左右的大型购物中心，而这些广电集团的人力、物力不能与万达的发展步伐相一致，所以万达只好将眼光放在了海外，在全世界范围内寻找合作伙伴。

通过广泛的信息收集及分析比对，万达最终在美国时代华纳公司和加拿大奥奈克斯公司中做出了选择，并最终锁定了前者。因为美国时代华纳公司是综合性的娱乐集团，旗下有知名的电视台、杂志、电影频道、电影制片部门。而奥奈克斯公司属下的Loews院线虽然是全球第一大院线，但业务范围比较单一。并且中国文化消费市场的专业领域和广大受众对时代华纳公司的认知度要远远高于奥奈克斯公司。

与此同时，面对蓬勃发展的中国电影市场，时代华纳公司也正苦于受现有体制政策的束缚而无法涉足。面对如此诱人的市场，时代华纳当然不会错失良机，仅一个月的时间，双方就对整个合作过程中各自应承担的责任和享有的义务，以及具体的运营模式、管理方法等细节达成了合作意向，签署了基本框架协议。

在与时代华纳的协议中规定：万达预计投资新建30家影院，除西北地区的一些城市以外，影院基本涵盖全国主要城市。由于当时国内仅有七个城市允许外资进入，所以在这30家影院中，第一批15家影院都由大连万达集团全额投资。聘请时代华纳利用其品牌的基础和管理经验来管理，收取一定的管理费。一旦得到政策允许，时代华纳就可以立刻行使认购股份之权益，按照合同中规定的股份，以新的模式继续合作。

不过，随着政策的发展方向，从2005年的第10个万达华纳以后的影院投资就不是由大连万达集团单独投入了，而是与时代华纳公司共同投资兴建，双方的合作模式也转为合资模式。

万达每年将有1.5亿元左右的资金用于影院建设。相对万达每年在购物中心上花费的几十亿元投资，影院建设投资只占购物中心投资的百分之几。有雄厚资金做后盾，万达对影院投资回款期没有太大压力。即使比预期的回款时间拉长两年，万达依然可以承受。

在商言商。作为投资者，不管投入多少资金都希望有利润产生。天津万达华纳影城开业伊始，仅半年票房就占天津市场电影票房总成绩的一半；武汉万达华纳影城开业后更是每天都能产生十余万元的票房。

天津、武汉等地的捷报频传，骄人的票房收入和商业广场的利润增长，都证明百货、超市和电影院在大型商业广场的经营中确实可以相互弥补，相互促进。万达的目标是：到2015年，力争做到100家。这也就意味着，如果每家多厅影院有八个放映厅，到2015年约有近800块银幕。到时，万达将是中国第一电影院线，与奥奈克斯 Loews、AMS Theaters等国际知名院线齐名。

当听到业内将时代华纳形容为"外来的狼"时，王健林表示："狼不来，羊不会长大。对外开放是一个既定的格局。狼来了能够锻炼羊的生存能力，羊可以跑快一点，减少点肥肉。经过锻炼的羊就不怕狼了。"王健林还说，万达与华纳将一直保持合资的合作形式。因为只有坚持"有钱大家一起赚"，才能维持商业利益的平衡。

生意场上，大家都是因为利益才维持着彼此的合作关系。通常情况下，所有参与进来的人都会努力地维护着这个利益关系的稳定，而对一切交易机密保持缄默。只有某一方对利益的分配表示极其不满时，才有可能出现所谓的脱线行为，把关系网上的人全部拖下水去。

因此，做生意要找一个平衡点。你赚我不赚，生意不会长久；我赚你不赚，生意不会长久；我赚你也赚，才能做成生意。从近几年市场的发展情况来看，70％以上的跨国企业的合作是发生在直接的竞争对手之间。很显然，与竞争对手合作不是偶然的现象，追求最大利益、共同利益才是合作的基石，也就是我们平常所说的"有钱大家赚"。要实现这一点，王健林建议应掌握以下原则：

1. 善于与对手合作

从事商业活动，就是要与客户、消费者发生关系。与大家交朋友，照顾到对方的利益，才能赢得认同、信赖、支持，才能赚取利润。那种不善于与人合作、只考虑个人利益的做法只会让自己财源枯竭，是一种愚蠢的行为。

2. 信任是合作成功的关键

"疑人不用，用人不疑"，同样适用于合作伙伴。在商战中，做合伙生意最主要的是双方要互相信任。否则，将后患无穷。在合作中，必须建立共同的财务、人事、工资、分红、业务分工制度，双方要严格执行，这样才能让经营有起色，让管理出效益。

3. 做生意要以和为贵，用制度规避风险

正所谓和气才能生财，合伙创业是取长补短、资源共享、共同努力和互相依靠。只有与合伙人很好地相处，才能够使合伙生意合作长久，做强做大。在合作过程中，应坚持"风险共担，利益均沾"的原则。只有确立了这种公平、公正的商业合作模型，才能调动合作双方的积极性。做生意，难免没有失误。这就要求双方用制度规避风险，共同承担责任。从一开始，就要有准备及有责任为自己及团队成员的过错买单。

4. 提高产品质量，生产出物美价廉的产品

做合伙生意，是商业活动中常见的一种形式。但企业如果想"付出少一点，得到多一点"，就相当于跟消费者和客户争利，他们就会不买企业的产品。所以，要想得到消费者和客户的信赖，就要付出多一点，提高产品质量，价格优惠。

总之，"没有永恒的敌人，也没有永恒的朋友，只有永恒的利益。"做生意，都是为了追求利益才走到一起的。许多人认为生意不好做，是因为只追求自己的利益最大化，没有站在对方立场考虑问题，没有顾及对方现实、正当的利益。有钱大家一起赚，只有先考虑对方的利益诉求，再考虑自己的利益，才能找到双方利益的契合点，达成交易，实现双赢，才能使生意如长江之水，生生不息。

股权激励打造合伙人

股权激励是通过经营者获得公司股权形式给予企业经营者一定的经济权利，使他们能够以股东的身份参与企业决策、分享利润、承担风险，从而勤勉尽责地为公司的长期发展服务的一种激励方法。

现代企业理论和国外实践证明，股权激励对于改善公司治理结构、降低代理成本、提升管理效率、提高市场竞争力、巩固合作关系都能够起到非常积极的作用。

2002年5月，大洋百货成立，注册资金1亿元，是由大连万达和福州百建等共同投资的。其中，大连万达占50%股份，福州百建占49%，另1%是几十位高管的期权。大洋百货快速扩张，曾创下了八个月开出六家百货店的全国纪录。

然而，到了2003年下半年，号称要成为"亚洲第一百货"的大洋百货却由于资金压力准备易手。于是，大连万达将自己的50%股权间接转让给深圳创新投资集团。另外，王德明也退出大洋百货，福州百建的股权上升至50%。

通过一系列令人眼花缭乱的资本操作，台湾船商益航股份有限公司（简称益航）收购了福州百建，并逐步取得了对大洋百货的控制权。

早在2003年开始，益航通过子公司取得福州百建100%的股权，并间接取得大洋百货50%的股权。由于大陆零售业2005年年底全面对外资开放，

为简化流程，益航就让子公司取得福州百建公司所持有的大洋百货公司50%股权。

万达进入百货连锁行业，与万达扩张心切，在与战略合作伙伴的租金洽谈中往往谈判能力不强有关，组建大洋百货可增加租金谈判中的筹码。退出大洋百货，一来是与万达遭遇资金瓶颈有关；此外，万达急于发行房地产信托投资基金，在租户关联交易上也需要调整。

虽然与福州百建的合作期比较短，但增强了万达地产在商业认识和商业资源上之不足。同时，为其第三代产品模式的确立，提供了很大的学习借鉴机会。该次合作对万达后续发展具有极其重要的意义，对万达集团第三代产品的商业业态调整、商家资源的汇集、商业地产发展思路等，发挥了重要的"学师"作用。

这也使王健林意识到，用股权激励机制巩固合作关系将成为零售业拓展新模式，或引发零售业新一波扩张潮。对于零售商来说，商业地产巨头以其在选址能力、经营能力上的优势，帮助零售商节省了拓展成本；而对于专业商业地产来说，与零售巨头联姻使其拓展拥有了可复制性，节省了招商成本。

万达集团的上市之路非常坎坷。历经多年的努力，终于在2013年，万达商业地产在香港以4.66亿港元收购恒力商业地产65%的股权。对于万达商业地产的这次借壳行为业内众说纷纭。加之王健林曾说："在这个行业里，最需要的就是资金，而且是低成本的、能长期使用的资金。"因此，相关人士认为，万达的这次借壳上市开拓了一条低成本的融资之路。对此，王健林表示："万达集团每年竣工20个以上的万达广场，一个万达广场抵押贷款能拿个10亿元、8亿元。我们任何一年竣工的物业拿去抵押贷款就能获得相当于一次上市的现金流了。"① 尽管王健林表示万达上市不是因为资金链出现问题，但是上市绝对是万达融资的一个好方式。

---

① 赵夏蓉.资金缺口上千亿 万达借壳急辟融资通道［EB/OL］.［2013-04-18］. http://finance.stockstar.com/SS2013041800001501.shtml.

近年来，万达以惊人的速度高速发展着：2012年，万达集团开发的新项目高达30多个，2013年万达集团开发的项目近40个。几年来，仅在广东，万达集团便投资开发近10个万达广场，并计划在不久的将来继续开发30个万达广场。

如此高速度的开疆辟土，自然而然地对资金的需求量也直线上升。2009年，万达负债约688亿元；2010年，万达负债1280亿元；2011年，万达负债1825亿元……面对如此巨大的资金缺口，上市成了万达的必行之路。

随着国内经济与世界经济的不断靠拢，股权激励机制成了现在经济中的常用语，其对企业发展有着不可忽视的作用。那么，从万达的经验可以得出哪些有益的启示呢？

第一，利益统一，合作更加真诚。

企业之间，互相借鉴是很正常的事情。但是随着市场竞争的不断加剧，企业间的合作关系日趋复杂，很多企业担心农夫被蛇咬的局面在合作之中产生，合作的真诚度大大降低。面对这种情况，股权激励机制的实施可以使合作方利益捆绑在一起，双方的目的一致，合作起来会更加真诚。

第二，主人翁意识增强，合作关系更加稳固。

合作双方均持有股权，事实上就变成了一家人，都是企业的主人。有了这层关系，合作关系便能更加稳固。市场的发育或多或少存在着不完善的地方，这种合作关系的稳固有利于资源的优化，有利于国家经济政策和发展战略的顺利进行，从而使市场管理更加完善，整体经济秩序的运作更加合理化。

第三，合作稳固，企业实力大增。

现阶段，中国的市场发育尚未成熟，国内企业与国际企业之间存在一定的差距。所以，企业之间相互合作，有利于企业间取长补短，快速将企业推向市场，让其接受市场竞争的敲打，接受优胜劣汰的洗涤，从而加速企业的成长速度。同时，企业之间的合作有利于将企业的劣势转化为优势，扩大优势规模，增强企业实力，提高整体竞争力。

第四，资源优化，效益提高。

当今时代，技术代表着第一生产力。有了高超的技术，企业的资源得到优化，成本就会降低，市场就能扩展，进而企业的效益得到了提高。而提高技术水平的最佳、最快的途径就是企业间的合作。股权激励机制的实施，保证了合作的顺利进行，企业整体技术水平得到改善。从而使企业资源得到充分、合理的利用，整个企业的经济效益得到提高。

总而言之，股权激励机制的实行使企业间的合作关系更加稳固，加速了企业的发展。作为现代企业的管理者，如何发挥出企业股权激励机制的强大力量，是企业管理中必不可少的重要环节。

目前，随着公司股权的日益分散和管理技术的日益复杂化，世界各国的大公司为了巩固合作关系纷纷推行了不同形式的股权激励机制。这就需要各股东也就是合作者之间对利益的追求能够趋于一致，在享受股权增值收益的同时还要在一定程度上承担风险。这样可以使合作者们在经营过程中，更多地关心公司的长期价值，防止合作者的短期行为，从而更好地巩固彼此之间的合作关系。

业态选择决定招商模式

目前，招商是我国企业采取的非常普遍的一种手段，它能够帮助企业在很短的时间里建立自己的销售通路，打开局面。

不过，招商工作必须首先对商铺经营项目做正确的业态定位，不能为招商而招商、为满场而招商。因为业态的定位直接关系到商铺的存活能力，关系到商场整体的稳场和旺场。可以说，业态选择决定招商模式。

王健林认为，主力店不仅在商业项目的招商上首当其冲，也是重中之重，因为它们牢牢地锁定了商场的形象、定位和价值。主力店知名度高、信誉好，有强大的集客能力，消费者被吸引进入商场后，同时会光顾其周边的零售店铺。

由于主力店的分类并没有一个统一的标准，所以，根据业态，我们倾向于把主力店分为百货、大卖场、家居建材店和专业店等；根据规模，我们会把相对更小的主力店称之为次主力店，如院线、溜冰场、游乐园、电信、银行等配套店。无论哪种形态的主力店，常规说法往往把它们的意义落在品牌号召力、聚客能力、提升形象等层面。

然而，主力店最真实也最根本的价值在于提升整体物业价值。它更像一种期许：通过自身稳定的集客力和品牌形象，带来持续稳定的业绩增长，从而引导商业地产租金、售价的提升。这就是开发商愿意以低价将大面积商铺租给主力店和中小租户愿意在主力店签订后入驻的原因。

万达在业态的选择、处理与主力店的关系等原则方面，体现出了成熟的商业地产运营能力和判断驾驭能力。

第一，在项目定位和设计时着手主力店的招商。

首先确定项目的定位，是属于高端综合性购物中心，还是亲民大众型的购物广场；其次，明确各种业态的构成比例。单纯强化购物的比例往往会适得其反，对消费者的黏着性危害很大，所以必须平衡购物与娱乐休闲的比例。在一些规模较大的综合项目中，甚至会加入文化体验的元素，万达广场的第四代产品就考虑到了项目交流、展示等方面的需求。

第二，持续保持与业户沟通渠道的畅通。

比如，店长座谈会可以发现万达在服务和管理中的不足，及时采纳合适的建议，也借此贯彻万达要各铺配合的工作。需业主配合的，店长及时上传；需营业员遵守的，店长及时下达，店长能起到沟通桥梁的作用，顺畅万达同各铺间沟通的渠道。比如根据各铺的缴费情况、对商场各项工作的配合情况、商品质量情况、卫生及服务情况等统一标准，定期评选优秀商铺。在企划宣传费用中支取部分资金，对入选商铺给予一定的物质奖励，并在显著位置进行公布，既宣传了商铺的形象，又促进了商铺的管理，非常受业户的欢迎。

第三，在预备替代户的选择上要有选择余地。

例如，长春万达广场曾有一个铺位开业后销售业绩不佳，在租赁时间上可能会有变化，那么万达在替代业户的业态定位上就要有所选择。该商铺离其他同类业态的商铺较远，这是客流较少、造成销售不理想的原因之一，但与其位置相邻的另一业态虽是业主自营，却经营得很好，除租金成本负担较少以外，也与其经营项目有关，附近经营此项目的商铺只有两家，顾客选择非此即彼。因此，万达在预备替代业户的选择上就有了选择余地，以增加商铺的稳定性。

第四，牢记业种互补是底线。

所有的退让都必须有底线。主力店招商中，面积、位置、租金等要求都可以尝试着接受，但底线是不能影响整个商场的业态规划。否则对实现物业整体价值的提升是非常不利的。所以，需要特别注意业态联动和品牌互动。

第五，定期进行商铺经营业绩分析、评估。

定期进行商铺经营业绩分析、评估，有利于商铺的储备和招商工作的完善。根据商铺的租金，结合商铺的销售情况，分析其经营情况，如亏损、持平、盈利等，评估商铺经营的稳定性和持续性等。从而使万达在招商、在客户资料的储备上更有针对性和准确性。

在招商模式的选择上，万达也是采取多样化的，主要包括以下几种：

1. 样板型

这种招商是非常有背景的模式，经销商现在看多了"创造巨富新生代"、"打造几个千万富翁"这种广告语以后，他们已经学会了怎样识别产品、怎样把企业的声音排除掉，不让企业去干扰他的决策。这种情况下打造样板市场是一个好办法。不打广告也招商，前提就是手中有扎扎实实几个样板市场，而且做得非常成功。

通过样板市场不仅仅让人看到成绩，而且样板市场的经验是可以复制的，这一套方法总结出来经过检验以后，放到其他市场一样可以成功，解决了经销商的后顾之忧。经销商看到有样板做支撑之后，才会放心打款签合同。

2. 扫荡型

2002年万达有一个案例：还在招商中的一个产品通过全国二十多个省会城市的有线电视台播放电视专题片进行招商。产品还上市之前，招商费用已经花了三五百万元。

采用这种模式的前提是企业要有实力，在招商还没有回款现金的情况下，要能够投进去。否则企业的资金链会受影响。

3. 速战速决型

例如规定一个月里完成所有市场的招商。

4. 整合型

整个招商过程中是可以运用多种营销手段来完成的，包括自身资源的

整合、社会力量的帮助、经销商的义举，都可以成为招商过程中的方法和手段。如果一个企业从一开始就把招商当成一个系统工程来抓，当成一个战略问题重视的话，用整合的方法完成自己的招商行为非常合适，取得的效果将是倍增式的放大。

5. 广告型招商

在大众媒体上频繁发布自己的招商广告，各个广告版本根据媒体的不同，可能诉求点不一样，针对的人群也不一样。通过有机组合广告，这种方法也是非常好的。

总之，招商模式是企业成功的关键，我们应该根据业态选择的不同来决定采取什么样的招商模式。显然，万达在这方面的经验对后来者是不可多得的宝贵经验。

第七章　顺势而为，不逆势而动

未来不可准确预见，但趋势可以把握。领导者最重要的工作是要从战略上把握未来发展的大趋势。正所谓"大生意做趋势，小生意看态势"，全局观是领导者的基本素养。

领导的情商比智商更重要

像万达这样一个纵横大江南北的庞大机构里，有千千万万个个体在其中做生意、在办事情。在这样一个交叉错杂的人际网络里，无论你干什么事情都要跟别人接触，要跟别人打交道，所以拥有更高的情商，更妥帖的与人相处和沟通之道才是硬道理。

"成功的人要具备非凡的创造力、坚持不懈的努力，而成功的领导更要具备高情商。"这是王健林对成功领导的独到定义。这里所谓的情商正是与人相处、与人沟通之道。

新生入学时，王健林在校园里认识了一个非常聊得来的同学，经过几次交往，两人的关系也越来越好，那个同学也经常找王健林聊天。可是突然有一天，王健林发现那个同学很久没有和自己联系了，于是就打电话去问候，结果同学以一句"我很忙"回绝了王健林。后来在王健林的再三追问下那个同学才说出了实情。原来前段时间他好几次在路上遇到了王健林，奇怪的是他每次主动打招呼王健林却好像没有看见一样。这时知道事情真相的王健林连忙解释道因为自己近视而又不喜欢戴眼镜，所以人离得稍远一点就看不见，不是故意不理他。

这件事给王健林触动很大：在人与人的相处过程中，很多问题和矛盾的产生是因为彼此之间没有勤于沟通。

良好的与人交往中有这样一条"黄金法则"：像你希望别人怎么对待

自己那样去对待别人。这句话虽然很拗口，但是它向我们讲述了一个很简单的道理：我们要换位思考，站在别人的立场看待问题。这样就可以明确别人喜欢什么，不喜欢什么，双方关系就会和谐很多。

在万达，王健林经常对员工说的一句话是：我们要追求高质量的情商，要善于倾听别人的意见，了解一些自己不知道的真相；要善于表达自己清楚但别人并不了解的缘由。而对于万达的领导，王健林提出了更加严格的要求。

在万达学院的开学典礼上，王健林把领导层的高情商也就是良好的人际交往能力作为重点来阐述。他对万达大小领导提出的要求是要与员工、与客户保持有效而完整的沟通过程。即：知心，交心，连心，绑心。实际上，这是一个循序渐进的过程。

首先是知心。这也是领导者必须要具备的基本素质，要了解员工和客户是不是自己所需要用的人，同时也要弄清楚员工和客户对自己的需求。要做到"知人"、"知面"、"知心"。

其次是交心。领导者要明确"得人者昌，失人者亡"的道理。要与员工和客户做到相互尊重，才能够做到坦诚地交心。这样才能消除掉双方需求的矛盾和隔阂，提高吻合度。

再次是连心。遇而能和，很快能培养出高度的默契，愈发地密切，就愈发地连心。

最后是绑心。这就是作为一个领导的最高境界：员工或者客户与领导者建立坚不可摧的关系，能经得起各种严格而苛刻的考验，持久不变。

这也是王健林与客户的相处之道。

不能抵御诱惑的人无法成功

　　王健林每一步的成功都与其面对各种诱惑时表现出来的顽强战斗力密不可分：

　　2003年春节是万达规划院副院长朱其玮终生难忘的一个春节。这个春节，万达的大部分员工都已经回到家中，尽情地享受着节日的快乐。而身为万达最高领导人，王健林却放弃了与家人共享节日盛宴的机会，一个人聚精会神地研究着某购物中心的设计图。王健林在中国人最重要的节日里，仍然选择了工作。

　　万达在转型做院线产业时也遭到了多方的质疑，甚至反对。而王健林没有动摇，他坚定不移地相信自己的判断。事实证明，他再次获得成功，院线成为万达的支柱产业之一。此时的王健林抵住了亲朋、同事的多方诱惑，他选择了坚持。

　　武汉的汉秀万达在建设过程中遇到了困难，复杂的水下机械设备的价格由于厂家的故意刁难，由原来的1500万美元一下上涨到了4500万美元，价格毫无道理地翻了三倍。这种野蛮的霸王行为没有吓退王健林，反而激起了他的斗志。王健林当机立断决定自己研究开发，他宁可多花钱，也不愿受制于人。最后，这套设备还真让万达自己做出来了。此时的王健林抵住了妥协的诱惑，选择了战斗。

　　类似这样的例子数不胜数，每次成功之前都会面临很多意想不到的

"诱惑"，面对这些"诱惑"时，王健林就像一名战士一样，坚定不移地坚守在自己的阵地上。对此，王健林也曾说过："诱惑是有的，对任何人都存在。但如果一个人不能抵御诱惑，就不能成功，或者说他就不行。比方说天天睡懒觉少干活最舒服了，你要抗不住这个诱惑还能成事吗？"由此可见，很多时候，人们在通往成功和富足的路上，往往缺少的不是获得扶持的机会，而是无法好好把握。这时，当身边多一些益友时或是自身的抵抗力更强一些时，可能就能抵住外界的各种诱惑了。其实，很多东西既然称之为"诱惑"，便说明它们是人们生命中的"不良分子"，只会带来一时的舒服或满足，而为此付出的可能是一次次惨败甚至是生命的代价。

正如王健林所说，一个人想要获得成功必须抵得住诱惑。换句话说，失败往往是自我失控导致的结果。如果连基本的自控能力都没有，无法遏制住贪欲、冲动，经营者又怎么能带领团队在市场搏击中夺取胜利呢？提高对诱惑的抵御能力，是经营者终其一生都要苦苦修炼的一门功夫。

首先，有主见，有坚持主见的决心。

社会是人的集合。不同人具有不同的思想，同样一件事，不同人有不同的看法。面对外界诱惑时，可能会身处"众说纷纭"的境况，此时，个体是否有主见便显示出来了。有的人犹犹豫豫，摇摆不定；而有的人则稳如泰山，坚定不移。就像王健林对现代社会的热点话题"慈善"的观点一样。王健林坚决反对作秀式的慈善，他认为，做慈善之前首先应把自身发展好，将员工们的薪资福利提高上去。王健林十分鄙视那些内部员工的薪资水平仅维持在一两千，却热衷于帮助社会的企业。事实上，一个企业连自己的员工的生活质量都不能提高反倒去谈慈善、帮社会，的确有些滑稽。往往这类企业做慈善的目的只是为了博名，也就是说，它们没有抵得住名声的诱惑，因而此类企业的发展空间不会太大。

其次，多交一些良师益友。

俗语说，"物以类聚，人以群分"，良师益友能帮助自己提高见识，净化思想；相反，狐朋狗友则只能带来阴暗的信息，传播不良的情绪和观点。广交良友也能助自己抵抗诱惑。

　　王健林曾说："人的一生善恶存于一体。勤奋懒惰都存于一体。人是一个复杂体，内心两种东西博弈的时候，如果你受的健康教育多一点，或者你周围同事哥们好的多一点就会带你往好的地方走，否则就把你带到沟里去了。"在风风雨雨的世界里，人们的心灵难免会被各种尘埃污染，这时需要身边的朋友们及时伸出双手帮助你擦拭心灵的污点。现实生活中，王健林就拥有很多这样的朋友，危难时、彷徨时带给他力量。王健林与马云关于"现在中国企业应该具有的慈善观点"的想法几乎一致；就"信息化"问题的观点也不尽相同。朋友就是这样，意见相同时互相支持，意见分歧时互相沟通，交换思想，共同成长。这样的朋友便是良师益友。

　　最后，勿贪心，调整好心态，向着目标前进。

　　人生总会面对很多诱惑，做出很多选择，学会抵住诱惑的前提是要有抵抗力，能及时调整好心态。特别是在这个竞争激烈的社会中，每个人的生存压力都很大，因而，人们更容易变得贪心，更容易丧失目标，跟着诱惑走入深渊。所以，人们要保持清醒的头脑，调整好心态，向着目标不断前进。

　　人的一生是短暂的，正所谓"心有余而力不足"，即使一个人的精力再充沛也不可能同时完成很多事情。而世界上的诱惑又有那么多，这时候，能不能抵住诱惑就成了一种人生大智慧。抵住诱惑是为了得到自己想要的东西，只要能得到自己想要的，放弃一些不重要的"精彩"，又有什么不可以呢？

　　生活并不总是完美的，有时候想要顺利到达目的地，需要人们放弃一些不属于自己的东西，尽管它们的诱惑力很大，放弃它们需要很大的勇气和决心，但是自古以来，有舍必有得。人生就像下围棋一样，舍弃一颗白子，赢得一片崭新的天空。对于有限的生命而言，一切诱惑都是过眼的云烟，有什么放不下的呢？珍惜现在所有的，摒弃那些看似不可缺、但缺失它们却能使眼睛变得更明亮的诱惑，可能会更容易看到成功的入口。

创业所谓的信仰就是勇气

人们常说："心有多大，舞台就有多大。"事业成功的人都有体会：只有敢想、敢干，才会有获得成功的机会。很多人之所以没有获得成功，不是因为他的能力不够，也不是因为他的运气不好，而是因为胆小，没有创业的勇气。

多年以后，回首往事，王健林更多地将创业的信仰说成是一种勇气、一种勇敢。当年放弃了人人羡慕的铁饭碗，下海经商是勇气；后来放弃风生水起的住宅地产转投商业地产是勇气；面对着222场连续不断的官司，依旧勇敢地坚持走了下来是勇气；力排众议，坚持收购连续多年亏损的美国AMC院线公司是勇气……王健林的成功就是由这一个又一个的勇气累积起来的。他一直认为，没有风险才是最大的风险。数十年来，王健林一直奔波在各种勇气之间从未停歇，因而万达才能不断壮大。现在，王健林又冒出了一股更大的勇气——万达要进军国际。这个商业达人似乎没有丧失勇气的时候，他勇敢地像一只雄狮，不停地出击。

从王健林成功的经验可以总结出这样的结论：强大的勇气是克服懦弱和胆怯的天敌。胆怯就像一个魔鬼，一旦被它缠住便无力面对现实，挑战困难更是笑谈了。尤其是身处逆境之时，这个魔鬼变得更加可怕。身处逆境时，那些意志薄弱的人最常见的心态便是：退缩，害怕，紧张，甚至是抱怨。在他们看来，未来就是陌路，稍有风吹草动，身心立刻滑到坠落的

边缘。而那些意志力坚强的人则敢于面对挑战，不惧困难，暂时的不顺利丝毫不会磨掉他们前进的勇气。他们忍耐、等待，甚至视逆境为寻常事、为生活中的一部分。他们相信事物总是变化的，三十年河东，三十年河西，说不定哪天机会便降临了。这种勇敢的心态让他们更能看清前方的道路，看到成功的曙光。

在决定下海经商时，王健林所面临的困难可能要比一般商人还要多。他原本有一份很稳定的工作，而且前程也不错。放弃这样一份稳定的工作对任何人而言都不是件容易的事。那时的王健林首先要鼓足勇气说服自己，然后再鼓足勇气说服亲朋，最后才能带着惴惴不安之心下海。下海后的困难远远超过了他的想象，没有钱便是最大难题，王健林硬着头皮借了50万元开始了创业之路。借钱创业，身上的压力可想而知。面对着一拥而上的磨难，王健林反而变得更加坚强。他放开手脚，大胆创新，跳出所有的限制，首先接手了一块令所有开发商望而却步的地段，以一种独特的运作方式成功摆脱困境。在艰难凶险的人生经历中，王健林没有害怕、没有退缩，而是越挫越勇。

很多成功人士常说的一句话是："我们必须勇敢。"勇敢是成功者最基本也是最优良的素质。活下去，要生存，要认识自己，要鼓励自己，要行动，是成功的唯一道路。其实，让自己变成一个勇敢的人并不难，最重要的是把握好两个原则。

第一，召唤信念的力量。

世界闻名的"牛仔大王"——李维斯从西部淘金的路上开始，便不停地遇到各种"拦路虎"，遭受各种打击，一而再地被恶人欺辱，生存都成了问题。但是他依然坚持"信念制胜"的法宝，相信厄运是上天对自己的考验，其后必定能有一番作为。正是由于他有坚定的信念，使他不断地打败消极的处境，最后成就了一段西部的创业传奇。

生活中，很多人对人生抱有消极的心态，认定是自己受到了上苍的捉弄，因此甘愿在消极的世界里不断徘徊。这样的人从来不知道也没有体会到信念的力量。其实信念并不复杂，它比其他东西都浅白，那就是相信自己，相信自己的想法，相信自己的能力，相信自己最终会取得胜利。

很多成功人士之所以成功，就在于他们相信自己。王健林如果不相信自己能成功，哪来的勇气放弃安逸的工作？正是因为有信念，内心能凝聚出强大的力量，无论是说话还是办事都会事半功倍。

第二，抱着成功的心态去尝试一下。

很多人还没开始创业便被想象中的各种失败之后的凄惨结局吓得浑身发抖了，当自己决定不再创业时终于松了一口气，感觉无限地轻松。为什么要去想象那些失败之后的情景呢？为什么不去想象成功之后的幸福情景呢？其实，很多时候，眼前的困惑和难题并非如蜀道一般，丝毫找不到攻克的可能。很多东西看似强大、不可战胜，只是人们自己的消极心态在作怪。如果人们能抱着一种必胜的心态去尝试一下，便会发现其实生活中没有那么多"天堑"即使有所谓的"天堑"，也不像想象中那样无法战胜。

可见，人从来不会被生活打败，只会被自己打败。心态的低迷、情绪的失落，这些都是成功路上的"拦路虎"，有些事情只要亲身尝试一下，努力去做好就可能变成现实。不用思考太多、顾虑太多，以至于连试一下的勇气都没了，始终抱着"害怕"的心态，那又何谈成功呢？没有勇气挑战的人在生活中注定是一个失败者。只要尝试一次，成功了便会具有无穷的勇气。勇气似乎能使人上瘾，有了第一次还想有第二次，一旦人们拥有了它，成功便一发不可收了。

关键几步决定你与别人的差距

　　万达之所以有今天的成就，王健林这样解释："关键的几步，万达都走对了。"万达第一单南山住宅楼的成功给了王健林勇气，随后又连开发了北京街等几个旧区改造工程，都成功了；这样一来，王健林不仅有了勇气，还有了底气。于是他敢想也敢干了。在万达发展的关键几步，王健林都阔步向前，没有半点犹豫，最终赢得胜利。

　　有人说，好的开始是成功的一半。尤其在创业的道路上，要承受常人难以理解的磨难与苦楚，最初能够顺利一些无疑会给当事人更多信心与鼓舞。所以，秉承三思而后行的原则，减少失败的概率，多迈出成功的几步尤其重要。那么，万达在发展中有哪几步关键的时刻呢？

　　第一步，跨区域开发。

　　最初的万达是一个区域性的企业，业务仅涉及大连地产。如果当年王健林一直蹲守在大连，那么企业做得再成功终究也只是一个地方小企业。万达跨区域开发这一步走对了。王健林在走出这一步时只有一个想法：那就是万达要做大，本地肯定是不行，唯有走出这一步才能实现万达的壮大。尽管王健林带领万达第一次走出大连的经历不算成功，但是同样积累了宝贵的经验，为万达第二次迈出大连奠定了坚实的基础，才有了后来1997年万达大规模的跨区域开发。这个过程中，王健林高瞻远瞩的决策起到了关键性的作用。

第二步，转做商业地产。

王健林转做商业地产的初衷是为了企业的持续发展，为了公司的数百名员工的生活保障。那时为了寻找出一条可行之路，王健林带领兄弟们不断尝试，做过很多项目，最终定位在商业地产项目上。机会是留给有准备的人的。转投商业地产之后，商业地产业很快迎来了百年一遇的发展春天。王健林的第二步再次走对了，而且这一步的迈出一举拉开了万达与行业内其他企业的差距。回首这一过程，王健林说："没有什么特殊的点子，选做商业地产是一步一步摸索出来的。"

第三步，进军文化产业。

王健林非常喜欢收藏，这是万达进军文化产业的主要原因。作为国内知名的商业地产界大佬，王健林办报纸杂志、搞电影产业、搞旅游度区的种种行为都已经超过了实业范围。由此引来的反对声可想而知，然而王健林坚持己见，一定要进军文化产业。事实再次证明，王健林的决策是对的。投身电影事业，很快便得到了回报，王健林迈出的第三步又走对了。至此，万达已经成为国内的知名企业、商业地产业的标杆企业，是同行企业无法赶超的对象。

企业如此，人生也是如此。人的一生中至关重要的几步走对了，人与人之间的差距便拉开了。其实，很多时候，成功者之所以成功，并不是他有多么聪明，而是在关键的几步路上成功者走对了，而未成功者没能走好，仅此而已。

人人都有成功的潜质，关键在于走好那几步关键的路。如何走好人生的关键几步呢？

首先，要有坚强的意志力。

林肯的一生可以用"多灾多难"一词形容，但是林肯一直认为自己会成功，即使他接连失败了九次，他那坚定不移的决心依旧没有动摇。如果林肯在第一次失败时便放弃，那么现在美国会是什么样？正是坚强的意志力让他成就了一番伟业。

这便是成功者的秘诀，与个人的才华大小无关，很多本来才华非凡的

人最终却一事无成，甚至被困难打败之后迷失了方向，误入歧途，在人生最关键时刻走错了路。只有那些具有超强意志力的人才能走准人生关键的几步。

其次，绝不动摇自己的梦想。

俗话说："有志者立长志，无志者常立志。"对于一个真正有理想有抱负的人来讲，一旦心中的理想确立之后，就不会轻易放弃。

不管现实生活怎样改变，遇到怎样的困难，成功者自始至终都一直坚持着自己的梦想。成功的人大部分是这样，不管外界的环境怎样改变，最初的目标不会变，最终将会美梦成真。

再者，不断摸索，不怕失败。

机会是留给有准备的人的，只有那些时刻做好准备的人才能在机会降临的一瞬间抓住机会，一举成功。王健林转投商业地产之前也进行了很多次的探索、尝试，例如尝试过电梯厂、电器厂、物业公司、超市等等，最终才摸索出走商业地产这条路。人生也是如此，只有不断地尝试、探索，才有机会成功。不要担心失败，失败不可怕，失败也是一种财富、是一种探索的过程，只有经过了一次次失败的累积，成功才能到来。成功是一次次摔倒之后再爬起；成功是一次次痛苦之后的欢笑；成功是积攒好足够的经验，走好人生关键的几步。

成功并不遥远，每个人距离成功就只有区区数步之遥。正如马云所说的："今天很残酷，明天也很残酷，后天很美好，但是大部分人都死在了明天晚上，看不到后天的阳光。"成功就像这句话中的"后天的阳光"，距离人们只有区区两天的距离，可是怎样平安地度过这短暂的两日，是值得大家思考的。

小胜靠智，大胜靠德

市场经济瞬息万变，企业需要不断注入新思路，否则就没有生存发展的机会。随着近年来中国逐渐变成了国际性的大市场，吸引了众多极具实力和管理经验的外国知名企业快速挺进了中国市场。而此时，国内的一些大集团企业也纷纷加快了发展的脚步，力求迅速占领市场。在这种形势下，市场竞争进入白热化阶段。面对如此激烈的竞争局面，中国企业如何保全自身，立于不败之地呢？

首先是提高企业内部的管理能力、企业的创新能力和对市场的快速反应能力等企业自身素质，以便企业根据市场大环境及时做出调整。同时，企业还必须重新认识到"小胜靠智，大胜靠德"这一传统经营理念中蕴藏的巨大力量。

对企业而言，"以德为本"便要心系客户，肩负社会责任，实现企业、客户和社会的三方共赢。那么如何做到"以德为本"呢？对此，王健林给了我们很好的诠释。

第一，客户之德：对客户负责，心系客户。

王健林曾说："对客户不负责任的企业是没有竞争力的。"客户是任何企业的衣食父母，没有了客户的企业将无法生存。因此，如何处理企业与客户的关系自然就成了企业"以德为本"的表现之一。王健林曾经对员工讲述了这样一个故事：

　　杭州有一家很有名的饭店，在很多地方都有分店。很多想在这家饭店吃饭的人都要提前几天预订座位，生意兴隆可见一斑。有一天马云来到这家饭店就餐，当时这家饭店的规模还很小，没有几张桌子。马云很快地点好了菜，一边思考着公司的事情，一边等着上菜。没过几分钟，餐厅的经理走了过来，建议马云重新点一下菜。原因是马云点的菜是四汤一菜，出于对客户负责的心态，饭店经理认为有义务提醒客户菜点得太多了。自此之后，马云就十分看好这家饭店。这家饭店很快赢得了客户的信任，没过几年便在很多地方开了分店。

　　王健林讲这个故事的目的在于告诉员工：以德获胜，才是大胜。假如这家饭店只顾自己的利益，不对前来就餐的客户负责，那么类似马云这样的客户可能仅仅只光顾一次，而不会再有第二次、第三次……

　　任何企业都不希望顾客都是一次性的客户，来过一次便不再来了，而是希望与客户确立长期的合作关系。企业要赚取的不是顾客某一次合作带来的利润，而是持续合作带来的长久利润，这才是企业生生不息、源源不断的动力。因此，为客户着想，对客户负责，心系客户才是企业生存发展的根本。

　　第二，管理之德：处理好以下两个方面的关系。

　　1. 平衡好企业短期利润与长期利润之间的关系

　　无论企业的管理制度多么完善也会有一定的漏洞，例如企业的考核制度。很多企业的绩效考核与员工的薪酬、奖金、升迁挂钩，因此常会出现员工出于对自身利益的考虑，而不顾企业短期利益与长期利益的平衡关系，做出一些有损企业形象的小动作。这些小动作有时对企业来说影响很大。

　　王健林非常看重企业的长期利益，他立志将万达做成百年企业。正是基于这种心态，万达集团才有了后期的多次出人意料的产业转型。同时在员工的工薪方面，王健林表示，万达的薪资水平不低于世界500强企业的薪资水平。以他个人对人才的渴望程度来讲，王健林有"周公吐哺，天下归心"的心态。

　　古语有云："不谋长远者，不足以谋一时。"企业为了短期利益，而不顾企业的长期发展，往往会使企业丧失未来市场，从而走向万劫不复的深渊。

因此，要想解决这个问题，企业管理者首先应考虑项目能否给企业带来利润；其次综合分析给企业带来的短期利润有多大，对企业的长期发展产生什么样的影响。如此一来，便能很好地平衡好短期利益与长期利益之间的关系了。

2. 调节好企业的部门利益与整体利益之间的关系

很多企业管理者没能协调好部门之间的利益关系，导致部门间冲突不断，从而影响到了企业的整体利益。这种情况出现有多种诱因：

首先是部门之间资源分配不平等。例如销售部门很可能会出现这种情况，哪个部门的销售业绩好，哪个部门享有的资源便更加优质。这种手段虽说有其优势，但是也加重了部门间的不和谐因素。面对这种情况，企业管理者必须看到部门之间的冲突对企业的影响、带给企业的危害，并及时杜绝这些不良的因素。事实上，通过各个部门员工的合作，从而增加企业的利润，这样的管理者才是最出色的管理者。企业的管理影响着企业的发展。在激烈的市场竞争中，如何依靠"德"实施企业管理，从而增加企业的竞争能力，是企业管理者需要提高的管理技能。

其次，管理者只顾追求权力。企业的管理者在企业处于特殊时期，提出条件要求企业满足自身权力集中的目的，而不是出于对企业的整体发展的考虑，决定部门之间权力的平衡制约策略。管理者的这种贪功冒进的思想极大地阻碍了企业的发展脚步，必须予以摒弃。

最后，管理者对待下属要一视同仁。人性的弱点致使人喜欢与自己脾气秉性相近的人相处。但作为企业的管理者，必须克服这一弱点，做到对待下属一视同仁，不以自己的喜好决定下属的升迁。

第三，员工之德：关爱员工是管理的大爱。

员工是企业各类流程的操作者、各类信息的直接收集者、直接与客户的接触者，员工的言行举止代表企业的形象。因此，企业应当关心每一位员工，用"德"感动员工，不断加强员工的知识素养和人文素养，培养有

能力、有心胸、有忠心的员工。

"小胜靠智,大胜靠德。"企业管理者只有做到对客户负责,心系客户;平衡好企业长期利益与短期利益的关系,平衡好部门利益与整体利益的关系;关爱员工,做到对下属一视同仁,才能制定正确的制度,使部门之间协作有序、团结执行力高,才能给企业带来更多效益,开创新的局面。

很多人问王健林:"你已经拥有这么多财富,还在追求什么呢?"对此,王健林的回答是:"在我的目标里,金钱是微不足道的,我所追求的目标比这多得多。任何时候人都要有梦想,并且一直追求,否则自己便会懈怠了。公司大了,员工多了,不给自己定目标,是非常容易懈怠下去的。"现实生活中,很多人想要成为百万富翁、亿万富翁。但是富翁不是想成为就能成为的。成功的三要素是众所周知的:能力、勤奋、机遇。事实上具备这三要素的人有很多,可成功的人还是少数。因此,王健林对自己能够取得成功十分感恩时代背景,他觉得自己是幸运的,幸运地出生在中国,赶上了国家GDP不断增加的这个好时代。对此,王健林是这样说的:"在这个大趋势里边做企业更容易,如果在新加坡再有本事也做不大,它就三四百万人。赶上国家发展阶段,再加上运气比较好,我有可能成为更大财富拥有者,成为更伟大的企业家。"[1]尽管王健林已经跳出了单纯地追求利润,尽管他的财富依旧在疯狂地增长着,但是他并未因此放弃工作,一心一意地享受生活,而是预备再辛苦几年。

"小胜靠智,大胜靠德",王健林不刻意求财,对金钱也不是很在意,一直以来都本着"老实做人"的行事原则,安分守己地做事,财富竟像滚雪球一样越滚越大,一发不可收;而那些把金钱看得很重、为了获得财富经常耍小聪明的人,始终无法真正拥有财富。

---

① 米粒.王健林:创业是否需要信仰[N/OL].优米网[2012-04-19]. http://mili. umiwi.com/article/198.html.

做强企业必须摒弃"小媳妇心态"

"小媳妇"一向是勤俭持家的代名词，勤俭持家是中国的传统美德，千百年来一直广为称颂。但是，企业想要做强却要摒弃这种"小媳妇心态"。俗语说："欲得之必先予之。"这句话是企业运营的原则之一。

首先，摒弃占便宜。

随着市场竞争的不断激化，一些企业不断通过压缩产品的制造费用来降低产品的生产成本，从而降低产品价格，靠低价占领市场。王健林告诉我们：这种小便宜是企业坚决不能占的。

企业的核心竞争力在于"民心"，与其冒险占点小便宜，不如脚踏实地，靠实力获得民心。中国有13亿人口，是一个不折不扣的大市场。正如王健林所说："13亿人口穷时是不小的累赘，但是当13亿人口富有时则是一个难得的潜力市场。"中国企业守着这样一个得天独厚的大市场，还需要企业做出如此不得已的事情吗？

自古以来，得民心者得天下。企业想要做强做大就必须"得民心"，让国民支持、员工支持，企业才能发展起来。万达集团作为一个民营企业，是什么力量支持它数十年屹立不倒？答案显而易见。2011年7月，万达集团与中国足协签订了一份协议，决定投入巨资支持中国足球。当时中国足球正处于低谷时期，处境非常尴尬。万达集团与之签署的这份协议对中

国足协而言无异于雪中送炭，而对于万达集团而言，此举就是一个中国企业对于国家足球的一种支持，不求任何物质回报。

俗话说："无心插柳柳成荫。"事实上，万达得到的远远比付出的多。此次支持国足的行为让国人拍手称赞，从此大家都知道万达是一个"侠企"，心系着国家发展和国计民生的"侠企"。这一光大形象的树立使得万达深得人心，为其后期的蓬勃发展奠定了良好的基础。王健林也多次公开宣称要"将自己的九成资产捐出来做慈善基金，将自己的股权拿出来分给万达的高管们"。他认为，如果万达集团的员工退休后需要靠退休金来维持生活，是他做人的失败。王健林的行为令人钦佩，相比之下那些为求低成本而以牺牲产品质量为代价的企业是多么的愚蠢和缺乏远见！抱薪救火的行为最终将会为企业引来巨大的灾难，从企业的长远发展角度来讲，这种"小媳妇心态"必须予以摒弃。

其次，吃亏是福，不假！

现代企业之间的竞争十分激烈，同样大小的市场，容载着很多同行企业。这种情况下，企业的竞争拼什么？除了产品的硬件质量之外，还拼产品的软件质量——售后服务。

很多企业目光短浅，一味盯着眼前的小利而忽略了长远的大利。企业只关注产品的销售环节，单纯追求利益最大化，不愿花费精力和财力在短期内不见成效的售后服务环节，其实这种狭隘心态是极其愚蠢的。王健林最常说的话是"作为企业，客户就是衣食父母"。在万达企业的经营中，他始终坚持真心实意地为客户着想，哪怕是吃一点小亏也是会带来福气的，千万不要斤斤计较这些小亏。

除此之外，万达还非常注重员工的培养、信息化的改良，这些都需要万达企业拿出资金。而在王健林看来，这种钱是必须花的，也是值得花的。企业管理者要有"该花就花"的勇气，不能太"节俭"，目光要放长远，没有付出，哪来的收获呢？一个企业处处节省，用典型的"小媳妇心态"经营企业，资金进了腰包再想拿出来简直是不可能了，这种企业是不会有发展的。企业的成长不是一朝一夕的事情，如何摒弃"小媳妇心态"，站在长远的角度看待企业的发展呢？

第一，领导者要有远见，有思想。

企业想要做大不是简单地说一说、想一想，而是需要实实在在地提升自己各个方面的实力。企业家是企业的灵魂，更要摒弃这种小媳妇的心态。目光短浅、没有远见的企业家是不可能带领企业走向辉煌的。这一点王健林深有体会：下海创业的第一年，王健林便成功扭转了企业的亏损局面，因此，政府奖励了他个人15万元人民币。那时的15万元可不是一个小数目，对于一直以来靠工资维持生活的王健林来讲，15万元的诱惑力也很大。但是，王健林放弃了它，将它全部分给了企业的其他员工，分文未留。这一举动深深地打动了员工们的心，大家从王健林身上看到了希望，铁了心地跟随他。王健林的这种行为塑造了万达的卓越的执行力，在员工的心里，王健林就像"神"一样，他的话就像圣旨一样。这种领导形象的树立岂是一个15万元买得回来的？

第二，管理要严格，执行力要强。

企业制定一系列的措施之后就要严格管理，强调制度的后期执行，坚决杜绝"上有政策，下有对策"的现象。对此，万达集团全力打造令世界俯首的执行力的过程，可以借鉴。

万达集团的管理受王健林的直接影响，实施的是"说一不二"的军事化管理。在万达，没有员工改正错误的机会。一套简单明了、通俗易懂的管理制度摆在眼前员工还要明知故犯，这是王健林绝不允许的。上至公司高管，下至普通员工，只要触碰了公司的管理制度，结果都是一样的，没有人情可讲。在这点上，王健林扮演了一个"残酷无情"统治者。在这种强压下，王健林带出了一个"铁纪"团队，这个团队的执行力令世界俯首。

第三，该吃亏时就要吃亏。

企业的形象才是最重要的财富。王健林在步入商业地产之初连番受

制，为了不让老百姓吃亏，王健林甚至亲手将耗资几十亿元的项目炸掉。类似这种"亏"王健林吃了不少。万达转型之前，王健林为了给员工治病花掉了几百万元的资金，这在当时是很轰动的事情。因为，王健林的这一行为完全是出于人道主义，他并没有义务支付这笔不小的资金。他的这些"吃亏"的行为不仅树立了自己的形象，还树立了万达企业的良好形象。在激烈的市场竞争中，良好的信誉是企业永远不会贬值的精神财富，因而，万达成功了，王健林成功了。"吃亏是福"是不折不扣的真理。

永远别跟趋势对着干

　　曾经破釜沉舟，不惜借钱创业；曾经挥金如土，拎着成箱的现金到万达球赛现场发奖金；曾经力排众议，耗资164亿元收购美国院线AMC……看似神秘严肃的王健林在顺应趋势、把握趋势上独具匠心，开创了一个宏伟辉煌的万达帝国。

　　从一家连年亏损、几近破产的企业到今天正向国际大举进军的商业航母，王健林成为了真正的时代宠儿。他接连地"顺势而为"，带领万达一路狂奔，创造了一个又一个的万达奇迹。有人是这样评价王健林的："最出色的时代趋势猎手，发现了最厚的雪——利润丰厚的地产行业，最长的坡——城市化进程、消费勃兴的几次重大的机会。"这种评价十分准确，王健林之所以能够成功，"顺势而上"是一个非常重要的因素。王健林经历了人生的几个重要转点，在这些转点处，他总能找准方向，顺应大趋势。

　　首先，成为一名真正的商人。

　　1988年，王健林在大连西岗区政府任办公室主任一职。面对着重复的工作、平淡的生活，王健林觉得异常乏味。他觉得这样下去即使坐上市长的位子也没有什么意思。正当王健林踌躇满志时，机会降临了。大连西岗区住宅开发公司因为身负重债濒临破产，政府希望有识之士站出来，力挽狂澜，拯救这个几近死亡的国企。很显然这不是一件好事，没有人愿意前往

接受这个"美差"。唯有一直"不安分"的王健林觉得好极了,终于有了大干一场的好机会了。于是,王健林当场请缨,信心满满地"出征"了。

万达正式成立于1989年,这一年王健林带领二十几名员工在一幢几近废弃的破楼内办公,楼下便是锅炉房。每天办公室的窗台和窗户上都铺满厚厚的煤灰,员工们工作一天回到家里,鼻孔里净是些黑乎乎的煤灰。夏天就更难熬了,楼下的锅炉一直烧着,热腾腾的水蒸气将办公室团团围住,员工们就像在蒸笼里工作一样,酷热难耐。

就在这样一种艰苦的创业环境下,公司当年便扭转了局面,实现盈利。由于住宅开发公司隶属于区政府,王健林没有足够的权力,很多事情说了不算,甚至连调走员工、组织员工出去旅游的权力都没有,这让王健林颇受掣肘。他迫切希望改变现状。终于机会又来了,随着国有股的退出,王健林终于如愿以偿地成为一名说一不二的企业管理者。

其次,推动万达转型。

万达的转型缘于公司两名员工。当时公司里有两名老员工生了病,需要花很多钱。当时没有医保,员工的医疗费用全由公司支付。王健林当时花掉了好几百万元为他们治病。如此巨额的医疗费用没有使王健林感到心疼,却使他感到了肩上的责任。当时王健林想:现在公司还小,几十年之后员工会变得越来越多,那时如果病的人多了可怎么办?就是基于这种"家长式"的担忧,万达开始了转型的探索。

再次,着眼于新起点。

王健林没有出过自传,用他的话讲:"枪手理解不了我的思想和我的感受。"书是一定要写的,但是他要自己写。王健林计划在七八年后,企业做到世界前100名时,便腾出时间写自传。虽然王健林没有出自传,但并不意味着他不热衷文化事业。事实上,王健林十分痴迷于文化产业。

如今的万达不仅在商业地产界站稳了脚跟,同时还开始进军文化产业。体量如此庞大的万达超出了王健林下海之初的设想。搭上经济发展的列车,王健林一路顺应时代的大趋势,一路带领万达迅速崛起。用他的话讲就是"做企业一定要顺势而为,不要逆势而动"。

未来不可准确预见，但趋势可以准确把握。作为企业的领路人，最重要的工作就是把握市场经济未来发展的大趋势，然后带领企业顺应趋势的发展规律，进一步壮大起来。切记永远别跟趋势对着干，因为如果一个企业选择逆经济趋势发展，无异于鸡蛋碰石头，后果不用多谈。企业如何才能顺应经济发展的大趋势呢？

第一，及时发现趋势的苗头。

对于变化无常的商场而言，顺应趋势就等于借上了趋势的东风，抓住了发展的机会。企业管理者要时刻保持高度的市场敏锐性，当一种经济趋势初现苗头时应敏锐地洞察出来，并及时把握住，这才是具有能力的表现。

当年万达做住宅地产时，发展态势也很好，可是王健林通过多方分析思考，敏锐地洞察到了住宅地产项目的短暂性。于是，他顺应趋势，实现了万达由住宅地产向商业地产的成功转型，继而奠定了万达快速崛起的基础。

第二，审时度势，顺应国家的政治趋势。

商人离不开政治，企业的发展一定要顺应国家的政治趋势。中国的市场经济有两个手：一个是无形的手，指的是市场经济潜在的规律；另一个是有形的手，指的是国家的宏观调控手段。任何国家经济的发展都带有一定的目的性，当市场经济的发展轨迹偏离轨道时，国家便会发挥宏观调控功能，进行适当的纠正。国家实行的宏观调控是站在国家发展的高度上整体运作的，具有一定的强制性。因而，企业应顺应政治趋势，借助宏观调控的东风，顺势而上。任何阻碍国家宏观调控的行为最终都将以失败告终。所以，企业不要试图做螳臂当车的愚蠢行为。

第三，做好准备，计划要赶得上变化。

常听人们抱怨说："计划赶不上变化呀。"这句话用在商场上是绝对不合适的。企业制定的任何计划都假设了一种未来形态，这种假设很可能会出现误差。因而，企业要有充足的准备，防范错误的假设带来的严重后果，要做到计划赶得上变化，不能面对突如其来的变故时失去了应对能

力，惊慌失措。

第四，具有远见，找准未来的发展方向。

李嘉诚是这样评价自己的成功之道的："我的成功之道在于：肯用心思去思考未来，当然成功几率较失败的多，且能抓到重大趋势，赚得巨利，便成大赢家。时尚就像海洋中的波浪，而趋势则是海洋中的大潮。时尚是短暂的，趋势是长远的。追逐时尚，至多获一时之利；把握趋势，可以财通三江。"

多么经典的经商技能呀！正如李嘉诚所说的，一个企业如果顺应了重大的趋势，变得迅速崛起，获得巨利，较同行少奋斗很多年。因而，谋求企业发展的管理者应该具有一定的远见卓识，能够从未知的未来中找准企业发展的大方向，以便带领企业快速发展。

任何人都无法提前知道未来的任何一项经济政策，也无法准确评定某一地区的消费水平，以及竞争对手将要采取何种行动。但是企业可以洞察趋势，估测趋势，及早地做好准备，等待趋势的东风吹起，从而抓住大商机。

第八章 把爱的种子播撒到世界每个角落

带头承担社会责任，是万达的不懈追求。广泛吸纳就业人员、坚持诚信纳税、践行环保低碳建筑理念、长期做好慈善捐助等，让万达把爱的种子播撒在世界每个角落。今天，王健林和他领导的万达早已超越了怎么去赚钱的目标，而是致力于怎么去花钱，以帮助更多的人。

义不容辞承担社会责任

创建企业，通过市场之手获取更多利润，是一个企业家的本分。在企业经营过程中，企业家不仅通过利润分享带领员工致富，也会为客户、消费者提供更多价值。显然，王健林带领万达一路发展壮大，在创造城市服务业就业岗位上无疑立下了汗马功劳。

随着现代生活节奏的不断加快，"就业难，失业率高"已经成为全球性的共性问题。就业是民生之本。老百姓没有工作就没有生存的基础，没有了生存的基础保障，社会秩序便会紊乱。服务业是一个能提供大量就业岗位的行业。近年来，随着国内就业压力的增加，各种相关政策陆续出台，一批高就业贡献率的服务行业迅速崛起。对此，王健林明显地感到了肩上的担子更重了，作为一名军人出身的民营企业家，他不仅要对数万名万达员工负责，还要承担一定的社会责任。

2011年，万达集团开业16座万达广场、12家五星级酒店、14家百货店等，创造城市服务业就业岗位8.9万人，其中大学生1.68万人。2011年全国新增就业岗位共1200万个，万达一家企业创造的就业岗位就占全国新增就业岗位的0.74%。2012年，万达创造城市服务业就业岗位10.7万个，占全国新增就业总量的近1%。每个城市综合体为社会提供近万个就业岗位。在这方面万达再次领先于行业，全国没有一家企业能与万达比肩看齐。

王健林认为，只有义不容辞地承担社会责任，才能实现"共创财富，公益社会"的企业使命。如果企业一味地单纯追求利润最大化，久而久之必然导致社会经济的大环境衰败，社会机能严重失调、贫富差距拉大、社会治安紊乱、人们生活水平降低等诸多严重影响社会和谐和可持续发展的不良因素出现。因而，一个合格的企业应当积极承担一定的社会义务，明确自身在经济活动中的社会责任。

　　万达和王健林的成功，在一定程度上和他们履行自己应尽的职责和义务有关系。很多时候，责任和权利就像是一面镜子，一个企业履行责任的同时总是能换取到同样多的权利，甚至还会收到意外的收获，哪怕履行的责任是没有任何目的的，也会让企业收获好的精神回报，并在未来的某一时刻因此获益。所以，我们应像万达那样对社会尽一番责任，为社会创造更多的就业机会，这是企业的明智之举。

只有员工好了，企业才会好

"十年前万达就开始实行带薪休假制度，每季度休假四天；每年给员工做一次体检，免费为总部员工办健身卡。万达出台规定，要求所有基层公司自办员工食堂，一律不准外包，保证饮食质量和食品安全。万达两年前推出优秀员工度假制度，给予优秀员工及其家人报销两人往返机票，免费入住各地万达酒店度假……"① 2012年，万达学院的开学典礼上，王健林将"关爱员工"列入万达的企业文化中，关爱员工不仅包括在物质上给予员工经济补助，同时要对员工倾注人文关怀。

谈到"对员工倾注人文关怀"这个话题，王健林认为民营企业更应对此引起重视。随着经济的发展，民营企业迎来了发展的春天，全国大约有75%的员工来自民营企业，因而民营企业是大多数员工的"家"。对此，万达集团以身作则，以营造一流的员工之家为目标，数十年来，从点滴出发切实做到关心员工，万达对员工倾注人文关怀主要表现在以下四个方面：

首先，为员工提供良好的个人事业平台。

王健林认为，一个好的员工是否愿意加入到企业里来，除了物质因素之外，更主要的是他们比较关注未来的发展，特别是对于那些有思想有抱

---

① 欣文．万达骨干员工流失率全国最低［N/OL］．今晚网［2011-04-28］．http://news.enorth.com.cn/system/2011/04/28/006456948.shtml.

负的人来讲，他们的眼光非常长远，不是特别关心眼前的物质利益，而是着眼于企业的发展前景。同时王健林还意识到，企业想要为员工提供良好的发展平台，首先需要发展壮大自身。只有企业有良好的发展前景，不断壮大自己，才能为员工创造更多、更好的事业平台。

在这方面，万达占据了绝对的优势，平均每年开发十几个商业地产项目，需要大量的管理人才、技术人员、普通劳动力等不同层次的员工。如此一来，员工的发展空间非常广阔。可以说，万达的员工只要努力，就一定有晋升的机会。特别是近几年来，随着万达的迅猛发展，万达更加重视对员工的人文关怀，给员工提供更多的发展空间，从精神需求上满足员工。

其次，营造简单的人际关系。

众所周知，王健林从部队退伍后，便在政府机关工作，接着又在国企里干了两年。这个经历使王健林深刻体会到：简单的人际关系是难能可贵的，特别是在企业里，复杂的人际关系可以说是对员工的一种无形的精神折磨。当一切成果都靠关系决断时，所谓"公平"就成了一种摆设。因此，王健林要求在万达：

1. 不搞帮派，不搞亲疏。王健林作为万达的大股东，拥有万达80%的股份，但他从不允许直系亲属在万达工作。做到这一点，王健林坦言是非常不容易的。

2. 不搞公司政治。王健林曾经开除过两名高级管理者，原因是他们二人喜欢搞"国中国"政治，总是十几个人团结在一起，以"团队"利益为出发点，干涉集团政策的运行。

3. 公正地用人。对此，王健林采取内部审计、人力资源部单独考核、总裁评价三种渠道相结合的方法全面评价某个人。如此一来，企业对人才的理解就不会出现太大的偏差。

再次，为员工提供一流的物质待遇。

企业的员工是生活在现实中的，良好的物质待遇是必不可少的。万达

的员工收入是非常可观的，基本上达到了世界500强的收入水平。万达在多年前就为员工提供了一个比较人性化的关怀，那就是带薪休假制度。这个制度的实施在当时可以说是绝无仅有。包括万达后来的在员工的办公楼里为员工建造健身区等等一系列人性化福利，都领先于国内同行企业。万达集团部门经理以下的员工退休后，一次性补助退休前五年的工资总和；高管以上退休后无偿赠送企业股份。万达的的确确做到了"一流的物质待遇"。

最后，构建优秀的企业文化。

这一点主要是从精神状态上关怀员工。一个员工的精神状态是否良好，直接影响员工的工作热情、生活追求等。因而保证员工优越的物质条件的同时，满足员工的精神需求也是不容忽视的。对此，万达同样拥有独特之处——万达企业文化的第一品牌：万达的年会。王健林曾将万达的年会比喻成强心剂，一年两次年会保证万达员工能充满斗志地干一年。

作为一个合格的企业管理者，对员工倾注人文关怀必须认识到：关爱员工也是企业的一种投资，并能取得长远利益。下面从两个方面进行阐述：

第一，优秀的员工是企业的财富。

关爱员工有助于企业稳定，有助于减少企业内部优秀员工的流失。现在社会上"跳槽"似乎成为一种时尚，似乎有能力的人才都会选择跳槽作为事业上升的一个台阶。但对企业而言，培养一名优秀的员工需要花费大量的人力和财力，优秀员工跳槽对企业的影响很大，如何减少这种不良现象的发生是值得企业管理者思考的一个问题。

第二，员工的工作效率是企业盈利的关键。

关爱员工能提高员工的士气，从而提高其工作效率。社会上存在个别企业，为了降低企业的日常运营成本、实现高利润，不重视对员工的关爱，侵犯员工的权益，影响员工的工作效率，最终适得其反，造成了公司的严重亏损。

员工的士气是维持其意志行为的内在因素，高昂的士气能激发员工的体能、精力，进而提高自身的工作效率，为公司创造更多的利润。

"顾客是上帝"这句人们常说的话，后面还有两句更为重要的话："尊重每一位员工，每天追求卓越。"这句话原是世界零售巨头沃尔玛的创始人——山姆·沃尔顿的座右铭，懂得尊重员工，对员工倾注人文关怀的企业才能长久。员工是企业的财富，是企业盈利的关键，企业的所有运营环节都是员工在执行。因而，对员工倾注人文关怀是企业当仁不让的职责之一，只有员工好了，企业才会好。

每人每年至少做一次义工

　　企业好似一条扬帆远行的船，员工便是船上的帆。这个简单明了的比喻点破了企业与员工之间的关联：企业与员工之间是一种互相依靠，彼此取暖的关系。企业需要员工将自己发展壮大，没有员工的辛勤工作，就没有企业的美好未来。同样，员工需要企业为自己提供事业发展的平台和生活的物质基础，没有企业做依靠，员工将会面临生存问题，其自身的"宏伟抱负"也将失去施展的空间。企业与员工之间存在着一种风雨同舟，唇亡齿寒的内在关联。故而，企业需要员工的忠诚和感恩之心。

　　很多企业都渴望获得忠诚可靠的员工伙伴，并为此花费了很多心血。对此，王健林似乎有自己的管理绝招。万达集团内部有一个十分古怪的习俗——所有员工每年至少到贫苦农村做一次义工，时间不限，地点不限。其目的不是为了给万达博取好的名誉，而是意在使员工亲身体验一下贫苦的生活。万达这种强制做义工的制度看似离谱万分，实则蕴含着无穷的管理智慧。

　　只有员工对企业忠诚，心怀感恩之心，企业才能得到更好、更有效的发展，万达同其他企业一样，十分渴望忠诚的员工。每年至少做一次义工能使企业内部的员工亲身感受到现有的生活是多么的美好幸福。从而学会对企业感恩，更加珍惜现有的工作，做到心怀企业，面对工作不抱怨、不推诿、不应付，而是积极主动、高效地完成企业交予的日常工作。王健林制定的这一制度就像一个充气泵，定期为员工打气，帮助员工调整出最佳状态，提高员工对企业的忠诚度。

第一，让员工学会珍惜。

对企业而言，帮助员工学会了珍惜，珍惜身边的人和事，珍惜现有的工作，是企业的明智之举。员工是企业的财富，员工好，企业就会好。员工懂得了珍惜，便能以更加积极健康的态度面对工作和生活，从而提高员工的工作效率，创造出更多的财富。

第二，让员工学会感恩。

"滴水之恩，当涌泉相报。"员工作为单位的一员，生活在一个多层次的大环境中，是企业给予了生存的条件和发展的机会，也就是说企业是有恩于员工的。懂得感恩表示员工明白自己与企业的关系。有了感恩之心，才有继而的报恩。报恩是在感恩的情绪下产生的一种责任感。员工对企业产生感恩之心，便会将企业视为报恩的对象，因而心甘情愿地认真工作，脚踏实地地做好每件小事，关心企业，视企业为家，进而提高工作效率。

从员工自身来讲，人生道路没有永远的一帆风顺，遭遇困难和挫折在所难免。此时如果员工心怀感恩之心，便能坦然面对窘境，从而能长久保持积极健康的心态面对生活和工作，对企业更加忠诚。

第三，让员工有"家"的感觉。

常常听到某些企业宣传："企业是员工之家，员工是企业的主人。"想要真正做到这句话并不容易。每一位企业管理者都希望员工将企业当成自己的家，但能使员工有"家"的感觉的领导并不多，原因是很多领导都忽略了让员工把企业当成家的前提是企业要让员工有家的感觉。怎样才能让员工有家的感觉呢？

首先，为员工创造一种简单和谐的工作环境，只有在这种环境下员工才能心无旁骛地享受工作带来的快乐，从而爱上工作。企业为员工创造一种温馨的工作环境，人性化的管理更能征服员工的心，让员工感受到企业的温馨。其次还要为员工提供良好的发展平台。任何一个积极向上的好员

工都希望有所作为，满足员工的精神需求，才能激发员工的工作积极性。做好这几点，员工便能感受工作的魅力，将工作视为生活的一部分，从心底愿意工作，忠诚于企业。

第四，让员工"有利可图"。

员工需要生存，也希望得到好的生活条件，物质条件是企业管理者不容忽视的重要法宝。古语有云："重赏之下必有勇夫。"优越的物质条件能激发人类的强大潜力。对企业而言，优越的物质条件可提高员工的忠诚度，调动员工的积极性。因此，让员工觉得有利可图也不失为企业管理的好办法。

总而言之，调动员工的积极性，提高员工对企业的忠诚度，是所有企业管理的重要目的。为了达到这一目标，企业管理者冥思苦想，各式各样的办法层出不穷。王健林的"每人每年需做一次义工"不失为一个充满智慧的好办法。让员工们通过亲身经历和活生生的现实生活实践来领悟生活的真谛，学会珍惜现有的一切和感恩生活，从而珍惜工作，感恩企业，提高工作效率。正所谓"磨刀不误砍柴工"，王健林管理员工的诀窍在于：从心灵上磨好刀，然后便能事半功倍地砍柴。

诚信纳税来不得半点含糊

对企业家来说，一半是管理者，一半是商人。追逐利润是企业家应有的梦想。在获取利润的道路上，优秀的企业家懂得遵纪守法，坚持诚信纳税。显然，王健林在这一点上做得很出色。

数十年来，万达坚持诚信纳税，并因此获得了政府和相关部门的信任。万达集团曾一度被国家工商总局评选为"重合同守信用"的企业，被辽宁省工商局评选为知名企业，商标价值为辽宁省第一，被省、市税务部门评为诚信纳税A级企业。

王健林坚持将诚信纳税落实到企业的日常经营活动中，逐渐形成了一种自觉行为。对此，王健林表示："诚信的成本高，这是事实。从这一点看，讲诚信吃了亏。但是实际上，讲诚信是吃小亏占大便宜。从长远上看，讲诚信获益良多。"王健林的这一经商观点使万达集团受益良多：中国工商银行、中国银行等知名银行授予万达集团高额的信用额度。

在今天竞争激烈的市场经济中，诚信不仅仅作为一种传统道德存在着，更是现代企业必不可少的精神资产。一个企业是否有潜力发展壮大，诚信是一个非常关键的指标，"诚信纳税"是检验企业是否诚信的试金石。诚信纳税既是企业应尽的义务，也是企业经济实力的体现，关乎着企业的社会形象和文明素养。一个具有良好信用的企业无需铺天盖地的广告宣传，依靠着"诚信"这块金字招牌就能吸引住客户的眼球，使企业长久

不衰。一个著名企业家曾说："资源终会枯竭，唯有文化能生生不息。"企业发展亦是如此，没有任何企业能永远适合经济的发展，当企业消失于市场时，留在人们心中的只有企业的形象。只有诚信纳税的企业才能树立好的企业形象。对于那些有发展前景的企业而言，诚信纳税来不得半点含糊。

王健林表示：万达集团要做中国民营企业的典范，不是别人要求万达做，而是万达自己的追求。既然立志做典范，那就要带头承担社会责任，最基本的就是要诚信纳税。万达集团在"诚信纳税"方面表现得十分积极。

首先是在项目的测算成本阶段，测算出的项目成本全部含税，并且要求公司将税款足额按期上交，绝不拖欠。这点充分体现了万达诚信纳税的主动性和较高的纳税意识。随着企业规模的不断扩大，万达集团的纳税意识与日俱增。王健林在2009年万达年会上强调："纳税是企业的义务，万达应以纳税为荣。"

其次是公司内部的监督力度极强，万达集团的各个分公司一旦出现偷税漏税现象，财务部门的负责人是第一责任人，必将受到公司的严惩。如此一来，财务部门对整个集团的纳税情况的监督力度可想而知。这一制度实施以来，万达从根源上强制杜绝了偷税漏税的行为，抵制一切不正之风的侵袭。

除此之外，公司极力鼓励各个公司通过积极纳税、诚信纳税，来获取各地政府的政策支持。

有了这三点促税措施，万达集团彻底杜绝了偷税漏税现象，发挥了诚信纳税的先锋带头作用。针对于目前民营企业偷税漏税的不正之风，王健林提出四点建议：靠能力赚钱、靠规矩赚钱、靠品德赚钱、靠信誉赚钱。总而言之一句话，老实做人，精明做事。

追本溯源，诚信纳税并非针对于某一特定企业，它是一种社会的普遍行为。政府是维护一个国家健康发展的职能部门。税收的用途在于加强国防力量，稳定社会秩序，营造良好的社会环境，优化百姓的生活，使百姓安居乐业，经济平稳发展。如果一个国家失去了强大的财力后盾，政府的各种职能都无法实施，企业将会丧失生存的基本环境。因此，诚信纳税是企业应尽的社会责任，来不得半点含糊。

提高企业的纳税意识，首先从企业内部管理着手。建立严格的管理制度、监督制度，加强企业自身的诚信建设。因此，企业需做到：

1. 完善财务管理。财务部门是诚信纳税的直接参与者。企业应按照国家税收的相关法规，加强企业内部的财务管理，提高财务人员的整体素质，建立完善的财务机制，奠定好诚信纳税的基础。

2. 认识到党、工、团组织的意义所在，充分发挥党、工、团组织的积极作用，提高员工的政治思想觉悟，增强企业的社会责任感，树立起诚信纳税的光荣意识。

3. 制定行为准则，设立监督机构。企业要设立监督机构，制定相关的行为准则，要求员工自觉、自愿地接受企业内部和社会各界的监督。

4. 加大惩罚的力度。制定相关的奖罚制度，对违反企业规定者坚决予以严惩，绝不姑息，从而起到杀一儆百的作用。

诚信纳税是企业的无形资产，潜移默化地传播着企业的良好形象，是衡量当今企业信誉的试金石。只有有良好信誉的企业才能获得更多的商机，加速自身的快速发展。这些商机不仅来自于群众，也来自于政府。政府信赖有信誉的企业，同时也愿意与有信誉的企业合作，最终达到双赢。故而企业一定要讲良心、讲道德，诚信品质是一个企业最珍贵的无形资产，想挣大钱必须有大德。诚信纳税是企业诚信的基础，是盈利的命根。所以，诚信纳税容不得半点含糊。

慈善是永恒的不动产

慈善事业是一项神圣而又永久的事业。企业慈善是造福社会、造福国家、造福自身的大益事。慈善伴随着中国的传统文化而产生，有着悠久的历史，不仅是一种传统美德，很多时候慈善还是一种获利的武器、成事的武器、铸造不朽的武器。王健林在创业之初就开始做慈善事业，其实那时的王健林并不是十分富有，受中国传统文化的熏陶，他毅然走上了慈善这条路。

中国的传统历来讲究"行善"，这一传统思想影响了一代又一代华夏儿女，王健林也是其中之一。因此在他成功淘到第一桶金时，便开始习惯性地回报社会，并将这种善举慢慢延续了下来，久而久之成了万达集团的一种习惯，被根深蒂固地植入了万达的企业文化之中。

慈善不仅是企业应尽的社会义务，同时也能为企业带来"福气"。纵观世界各国，企业的产生和消失是非常频繁的，就像是天空中的流星、时空中的过客，并不长久，最终留在人们心中的还是企业的慈善精神。因为企业做慈善，社会记住它、百姓记住它，因为这些"记住"，企业的形象开始变得高大、持久，并伴随着财富的到来。

企业是社会经济体系中的重要组成部分。一个企业想要生存、想要发展需要很多资源，而这些资源都来源于社会。因而企业发展得越快、规模越大，所占用的社会资源就越多，所承担的社会责任也就越大。所以，越是成功的企业越应该在成功之后反哺社会，主动承担更多的慈善责任。

万达集团作为国内商业地产的标杆企业，非常重视慈善事业，数年来向社会累计捐赠现金超过31亿元，仅2012年万达集团就捐赠现金近4亿元，是全国捐助最多的民营企业。万达集团的这种公益行为不仅没有影响自身的发展，反而促进了万达的发展脚步。万达作为中国民营企业慈善捐款最多的企业之一，深受社会各界的信任与支持，近年来的发展势头更是迅猛，甚至有望进军国际。如此神速的发展速度与其数年来坚持不断向社会各界捐款营造的良好信誉是密不可分的。

王健林在慈善事业上的思想深受中国儒家思想的影响，他认为：能力越大责任就越大，一个人有小能力时就小帮，有大能力时就大帮。因而，自创业之初，王健林就一直从事着慈善事业，数年来风雨无阻。

近年来，万达的现金流实力增大，捐款数额也随之增大，因而引起社会各界的多方关注。此时，王健林又有了新的想法：对于万达的慈善事业，不能仅仅将它看成是乐善好施的行为，还要寻找一个专业的团队来运作它。未来王健林预备成立一个大的慈善基金，做到有目地、有计划地"花钱"，王健林相信唯有慈善才是永恒的精神不动产。

随着经济的不断发展，企业的社会责任理念的逐步兴起，企业的慈善行为逐渐成为了人们关注的焦点。2011年，在北京召开了一场"超级鸿门宴"。此次宴会的发起人是两位世界级富翁——比尔·盖茨和沃伦·巴菲特，志在"劝捐"。借此，"慈善事业"再次成为世界各国的热门话题。尽管中国企业家对盖茨和巴菲特的这一高调行为褒贬不一，但是大家对于会议的最终目的——慈善是非常认同的。对此王健林是这样说的："有中国文化就有慈善，慈善文化是中国的文化核心内容，是有传统的。我们民营企业家受惠于改革开放，我们真的是得利最多的群体，应该回报社会。"

中国作为一个具有悠久历史的文明古国，慈善事业一直存在。古时有志之士以"利民"为真正的大义，这是真正的慈善。慈善的精髓在于造福百姓，这是亘古不变的真理。

慈善已经成为时代关注的热点，全球的眼光都盯着它，说明世界需要慈善。随着贫富差距的不断加大，做慈善是企业势在必行的社会责任，帮助政府优化当前的社会形态；创造更多的就业机会，让更多的人有工作，能生存；解救需要帮助的人等，这些不正是企业永恒的不动产吗？

履行环保责任，才有未来

近年来，随着生态系统的严重失衡，越来越多的环境问题开始出现。地球正以其特有的方式疯狂地报复人类的贪婪——全球范围变暖，各种自然灾害频频发生，环境的恶化已经严重威胁人类的生存。面对此情此景，依然有很多企业和个人置如罔闻、继续我行我素，玩弄着所谓的"上有政策，下有对策"的"智慧游戏"，依旧黑烟四起，依旧乱砍滥伐，依旧肆意排放"三废"……着实令人愤怒。

相比之下，万达的行为显得多么难能可贵：

早在2000年，万达集团就有意识地注重环保节能。大连雍景台项目的开发就是其中一例。作为中国最早的节能住宅之一，大连雍景台项目在技术上采用外墙保温技术项目，结合采光设计，使项目的节能率高达65%，即使在零下十几度的酷寒下，雍景台的住户依旧不用人工取暖。紧接着，万达又开发了大连华府项目，继续注重节能环保技术的运用，同样达到了冬日里不用依靠城市集体供暖就能顺利过冬的目的。

2003年，万达集团开发的南昌万达星城，项目规模达百万平方米，外墙设计全部采用节能环保技术，是全国首家如此大规模采用外墙保温技术项目，节能效果十分理想，因而被评为江西省节能示范样板小区。

同年在昆明开发的滇池卫城项目，是全国第一家做过环境评估的住宅项目。项目设计时，考虑到当地的气候，小区内设计了雨水收集工程，实现雨水再利用；同时为了减轻对滇池的污染和污水的循环使用，项目还配套了污水处理厂，使小区实现了零排放。

至此，万达集团在绿色环保方面再次走在了行业前端，并赢得了社会各界的广泛称赞。2011年，万达旗下共有16个广场项目和2个酒店项目获得了国家的绿色建筑认证。针对于环保问题，王健林提出要求：日后所有万达广场和酒店项目必须通过国家绿色建筑和运营认证。足见王健林作为一名成功企业家，同时也在尽自己最大的努力保护环境。

除了推行绿色建筑，王健林还决定，自2013年开始，万达所有住宅项目在销售时都配套装修，意在培育业主节能的理念。王健林深知，一种理念的形成需要长期坚持不懈地灌输和引导，因而已经做好准备带领万达打一场环保的持久战。在很多公开场合里，王健林甘当一名普通的环保宣传员。面对着日益恶化的环境，面对着被污染包裹着的生活家园，王健林用自己的行动大声疾呼："保护环境，人人有责，带头环保才是对社会的大爱。"

企业不仅是一个经济组织，它还是社会体系中的重要组成部分，无论是在物质资源还是精神财富上都与社会密不可分，没有了社会的依托，企业将无法生存。因此，企业必须承担应尽的环保职责，具体表现如下：

第一，经济层面的环保职责。

追本溯源，很多环境问题都是企业造成的。"三废"的排放，是最直接的罪魁祸首，因此，要求企业在经济层面上做到支持环保。企业需从每年的利润中拿出适当的资金，用于环境保护、购置降低"三废"排量的相关设备、引进新型的绿色节能设备和技术，力争做到绿色生产、绿色运营、绿色发展。在这个过程中，要求企业家们有长远的发展眼光，莫被眼前利益迷惑，因小失大，丧失企业可持续发展的原动力。同时，还要注重企业环保人才的培养，提高员工的环保意识。

第二，道德层面的环保职责。

企业在生产、运营过程中，必须自觉自律地遵守国家的相关规定，有意识地提高环保意识，尽可能地减少"三废"的排放，以高于国家规定的

标准值为职责，将绿色发展作为最高发展目标，并为之不懈奋斗。同时，有实力的企业还要有帮助实力弱的企业提高环保技术的意识，在技术、资金、人力上提供支持。环保不仅仅是一种强制性责任，更是每个企业的道德责任。

第三，公益层面的环保职责。

企业作为社会的财产组织部分，在享受社会资源的同时，也应为人类生活的大环境贡献一份公益力量，多做一些以环保为主题的慈善活动，支持环保公益事业，为社会上的环保组织捐财捐物。

作为一个有责任心的企业，无论是企业的管理者还是普通员工，都应从点滴做起，着眼于环保工作，将绿色节能作为工作的首位。只有那些带头环保的企业、有环保意识的企业，才是真正热爱社会的企业，才能在未来激烈的竞争潮流中拥有忠实的客户，并获得长久的支持。

接班的关键是有胜任力

王健林出身军人之家，受父亲的熏陶，王健林15岁时便参军，当了17年的兵，磨练出了一身的胆气和良好的军事素养。直至今天，王健林依旧保持了早上六点前起床，七点准时坐在了万达集团的办公桌前，已过天命之年的王健林仍拥有着异乎常人的充沛精力。万达想拥有百年基业，想更加发展壮大，王健林只能作为一代领导者而存在，不可能永远带领万达，如何选择接班人关乎万达集团的未来命运。对此王健林直言不讳："万达未来的接班人由职业经理人接管或是子女经营并不是问题，关键是这个人要能够胜任。"

对于万达的传承问题，沃尔玛家族的历史给了王健林很深刻的启示。1992年，沃尔玛的创始人山姆·沃尔顿去世。此时，沃尔玛的销售业绩仅有100亿美元。沃尔顿并没有将沃尔玛交给自己的孩子打理，而是交给了职业经理人团队。沃尔顿的这一举动令很多人费解，直到2008年，沃尔玛创出年营业利润高达4000亿美元的惊人业绩时，世人才明白山姆·沃尔顿当时的那一举动的深意。今天，沃尔玛成为全球最大的零售企业，沃尔顿家族因此稳居世界富豪排行榜。

对于沃尔玛的这段传承历史，王健林感触良多："到底是谁占了便宜？如果当时沃尔顿将公司交给他的孩子们，可能今天就不存在沃尔玛

了。"对此，王健林深刻意识到：接班的关键是有胜任力。

白手起家，富可敌国，需要旷世的创业之才；审时度势，把握时机，需要惊人的洞察之才；运筹帷幄，决胜千里，需要卓越的运筹之才；经营有笃，万里逐利，需要不凡的运营之才……古往今来，领导人必须是人中能者。企业的传承是一个关乎企业生死的转折点，一名合格企业接班人会带领企业迈向更高的台阶，一名不合格的企业接班人则很有可能会毁掉一个很具潜力的企业。因而，如何选择企业的接班人是一个考验智慧的大问题。

中欧国际工商学院梁能教授曾讲道："任何一个企业都涉及接班人的更替问题，具体是谁，选择什么时机，都是由很多因素决定的，除了当事人，外界很难看清楚，接班人是否合适，往往也是没有办法评估的。"的确如此，不同时期需要不同的人才，没有人能未卜先知预测一个人的能力大小，唯有通过实践予以考验和证明。

王健林在选择接班人这一问题上，明确提出：万达的接班人关键是要有胜任力。王健林并未将儿子王思聪当成万达集团未来的唯一接班人，他也曾表示：未来万达的继承人很可能从内部几位比较有能力的高管中择优选出。如此看来，王健林对于企业的接班更看重接班人的胜任力，大有"外举不避仇，内举不避亲"的气势。

企业的传承是一种大智慧，如何更好地，更合理、更智慧地传承企业是中国企业家应当思考的问题之一。马云一语道破各种玄机："我不会把钱100%都捐了，不给孩子留一点。一个不考虑自己的人，你不要相信他会去考虑社会。我不相信我这个人是无私的。没有私，便是最大的私。我们一定得考虑，但是留多少这是门艺术。因为我们这代人所有的努力，除了自己好以外，还希望孩子好。"多么朴实的大实话呀！事实上，中国绝大多数的企业家都似马云一般，他们也是普通人，也是孩子们的家长，考虑子女是人之常情。但是企业的代际传承既是企业权力的传递，同时也是财产、声誉和社会地位的传递。

　　人生一世，长路漫漫，旅途中如果只是站在窗前观雨，舒服的同时也失去了经历风雨的精彩。因此，企业家在企业传承问题上应保证理智和智慧，给下一代选择人生道路的机会，给下一代体验酸甜苦辣的机会。正如王健林所说："接班人关键是有胜任力。"企业的总负责人是企业的发展方向、日常运营的最终规划者，决定着企业的生死存亡。因而，选拔和培养一个具有胜任力的接班人对企业至关重要。

响应国家号召，支持创业

　　为了缓解大学生就业压力，支持大学生创业，响应国家号召。2013年，王健林在新闻发布会上宣布万达集团支持大学生就业创业十年计划"正式启动：按照万达集团目前发展速度，万达每年将招聘8000名以上的大学生，10年累计招聘8万名大学生。万达集团每年开业二十多个万达广场、十几间五星级酒店及部分文化旅游项目，创造大学生就业岗位近三万个，十年累计创造30万个大学生就业岗位；投入五亿元创业基金，拿出不少于500个万达广场店铺，支持1000名大学生创业。

　　为保证大学生创业成功率，万达集团采取了一系列措施。一是精心挑选适合大学生创业的经营品类，主要为生活服务类和餐饮类；二是万达广场在招商中不再招入与大学生创业项目同业态的商家；三是专门成立创业指导部，招聘专业人才辅导大学生创业。万达广场是炙手可热、一铺难求的经商旺地，优质资源加上精心辅导，万达支持大学生创业必将取得极高成功率。

　　王健林表示：万达为了更好地支持大学生创业，还专门成立了基金会，以专业人才和专业服务更实在地支持大学生创业，让更多大学生创业成功。如果万达创业计划今后一二十年能培养出几个十几个连锁经营的一流企业家，这个项目就意义非凡。

　　为了更好地为创业大学生提供保障，万达除了提供资金，还以专业人才和专业服务更实在地支持大学生创业，帮助大学生提高创业成功率。在寸土寸金的万达广场，创业计划项目的团队能以最低的价格拿到最好的店铺位置。为提高年轻人创业的成功率，万达集团为其选择了成本低、收益大，尤其适合入门级创业的行业。

为弥补应届毕业生缺乏创业经验的缺陷，王健林创造性地提出了"导师制"——为每个刚刚起步的创业团队配备两位贴身保姆一样的创业导师：一位是所在万达广场的招商运营副总，提供店铺运营方面的支持和帮助；另一位是万达聘请的具有相关创业经验的品牌商。大学生创业团队在遇到问题时可以随时向两位导师求助，导师会及时协助解决问题。同时，万达集团将大学生创业团队的成功率纳入商管公司和所在万达广场的考核指标，要求大学生创业成功率要超过80%。

王健林自己在演讲中也常积极号召创业，每次谈到自己创立万达的经历，遇到的种种困难，以及万达如何在商海中拼杀，最后他都会用非常激昂的语气说道："如果你们想成功，就应该去创业！当然朝九晚五的规规矩矩的生活也是可以的，但那种人生不精彩。应该勇敢跨出这一步，勇敢地去创业，勇敢面对人生！不管是经商，不管做科研，绘画，总要给自己一个比较远大目标为之去奋斗。奋斗过了，达到了，那你就无悔这个人生。你奋斗过了没有达到，你的人生也不后悔！如果什么都没奋斗，什么理想都没有，平平淡淡过一生，这个人生对你来讲实在没有意义了！生活如此，事业亦如此！"

心系足球，力求双赢

世界杯举办至今，中国足球队一直无功而返，屡战屡败，屡败屡战。2014年，国务院印发了《关于加快发展体育产业促进体育消费的若干意见》，加快体育产业发展、促进体育消费、深化体育事业改革的号角再次吹响。

在国家大力发展体育事业，而中国足球又是短板的时刻，万达开始主动承担起作为企业的责任，致力于中国足球的发展。事实上，万达集团与足球渊源颇深，王健林亦曾是中国足坛的风云人物，1993年就参与了中国足球职业化改革，成立了中国第一支职业足球俱乐部——大连万达足球俱乐部，1994年甲A联赛创立，那时的大连万达俱乐部四次问鼎联赛冠军，成就名副其实的一代王朝。迄今仍保持中国顶级联赛连续55场不败的纪录，是中国最成功的职业足球俱乐部之一。

然而因为种种原因，王健林宣布"永远退出中国足坛"，随后，他通过两次股权转让将球队卖给实德集团，此后的十多年再没有染指中国足球。远离足坛之后，王健林接受采访时曾表示，当时他的退出主要是因为两点，一方面是因为中国足球管理体制与市场化运作存在很大矛盾，难以调和；另一方面是假赌黑已渗透足球行业，再搞下去是白费精力。

不过，万达集团于2011年高调重返中国足坛。万达集团与中国足协签订协议，全面支持中国足球振兴，2011年7月3日，"中国足球希望之星队赴欧

248

洲留学启动暨中国足球协会与大连万达集团战略合作签约仪式"在北京理工大学隆重举行。王健林宣布：万达集团三年至少出资五亿元人民币，全面支持中国足球振兴。这是新中国成立以来中国体育史上最大的单笔赞助资金，也是足协首度引入社会资本。该项目支持中国青少年足球人才赴西班牙马德里竞技、瓦伦西亚、比利亚雷亚尔足球俱乐部留学，培养中国足球希望之星，努力振兴中国足球。

2015年6月，王健林做客新华网的节目时谈了制约中国足球发展的因素，同时表示万达将会在足球上有更多投资，五年后中国足球一定有新的希望。王健林在谈到中国足球落后的原因时，分析道："首先是中国的足球人口少。20世纪90年代中期以前，中国足球的青少年注册人口有40多万人，当时我们除了赢不了韩国队外，不惧怕亚洲其他对手。而到2011年时，我国青少年足球的注册人口不足2万人，而同期韩国的青少年注册人口是70万，日本接近200万，这就是差距。"

王健林认为制约中国足球发展的第二个因素是体制，"我为什么有很长一段时间退出不搞足球了，就是因为我觉得体制不顺。但随着2015年《中国足球改革发展总体方案》的出台，《方案》中针对机制体制问题进行了针对性部署，改变中国足球协会与体育总局足球运动管理中心两块牌子、一套人马的组织构架。中国足球协会与体育总局脱钩，在内部机构设置、工作计划制定、财务和薪酬管理、人事管理、国际专业交流等方面拥有自主权。《方案》对体制和机制的改革贯穿始终，力求消除障碍，各司其职，权责分明，为足球整体改革尤其是职业足球的快速有序发展保驾护航。"

对于足球的改革和发展，王健林有自己的想法和认识，"改革理顺中国足球的体制，建立适应足球市场发展的体制。青少年足球人口数量一旦上去了，中国足球未来的前景一定非常美好。我认为五年之内可能还看不到成效，但坚持下去，五年之后一定是很有希望的。"在说到为什么投资外国足球队时，王健林说道："投资马竞是为了给在西班牙留学的中国青少年提供发展通道，目的就是让更多的小孩子有更多可能进入高水平俱乐

部，是纯粹支持中国足球青少年发展的一部分。"

2015年7月，万达并购瑞士盈方体育传媒集团的交易完成交割，最后的结果较2月签约时的情况稍有不同，交易完成后，万达以10.5亿欧元（约71亿人民币）获得了瑞士盈方70%左右的股权。在签约仪式上，王健林曾表示，"对盈方的并购将与万达现有产业相结合，有助于加快实现中国申办世界杯的目标，对于中国申办2022年冬奥会也有积极作用。"

在连续收购马竞与盈方后，万达一跃成为世界最大的体育公司之一。在完成以上的并购后，每周都会有大量的国际体育经纪公司、赛事公司、装备制造商的并购方案送到万达高层手中，万达已成为全球体育资本市场的重量级买家。

足球不仅能拉近企业与公众的距离、与城市的距离，更能在企业做大做强中发挥重要的作用。中国足球产业乃至体育事业的发展在政府的大力推动下，企业积极响应，紧跟国家战略发展方向，这不仅利于企业的发展，更是对国家体育文化事业的重要支持。

参 考 文 献

1．赢盛中国商业地产研究中心：万达如何做商业地产：一个行业先锋的模式路径和执行细节．北京：中国建筑工业出版社，2013．

2．张燕．万达之道．甘肃：甘肃教育出版社，2013．

3．柳润墨．王健林的万达帝国：中国新首富的地产．北京：石油工业出版社，2014．

4．朱甄．王健林内部讲话：关键时，王健林说了什么．北京：新世界出版社，2014．

5．章岩．王健林的谜：万达的那套办法．北京：中国财富出版社，2015．

6．丁萍．没有什么不可能：王健林的内部执行课．北京：中国财富出版社，2015．

7．王建林．万达哲学：王健林首次自述经营之道．北京：中信出版社，2015．

8．张岩．王健林的棋：决定万达企业气质的8个关键节点．北京：北京时代华文书局，2015．

8．周璇．王健林：万达广场的背后．北京：台海出版社，2016．

10．姬剑晶．万达思维：王健林的财富之道．北京：中国财富出版社，2016．

11．张松．向万达学执行力：卓越执行力的14条法则．北京：中国法制出版社，2016．

12．洛瑜．王健林：缔造万达帝国的新亚洲首富．北京：新世界出版社，2016．

13．孙向杰．王健林：万达哲学 敢想有机会，敢干有成就．北京：群言出版社，2016．

声　明

　　我们致力于保护版权，因参考文献较多，又无法直接联系作者，如涉及权利，请凭有效证件第一时间联系编者领取相应稿费。感谢您的理解和支持！